阅读拓展文化视野

一个共产党员的读书札记

YUEDU TUOZHAN WENHUA SHIYE

晓山　编著

人民东方出版传媒
東方出版社

图书在版编目（CIP）数据

阅读拓展文化视野 / 晓山编著 . — 北京：东方出版社，2020.9
（一个共产党员的读书札记）
ISBN 978-7-5207-1639-0

Ⅰ.①阅… Ⅱ.①晓… Ⅲ.①读书笔记－中国－现代 Ⅳ.① G792

中国版本图书馆 CIP 数据核字（2019）第 149844 号

阅读拓展文化视野
（YUEDU TUOZHAN WENHUA SHIYE）

作　　者：晓　山
责任编辑：张凌云
出　　版：东方出版社
发　　行：人民东方出版传媒有限公司
地　　址：北京市朝阳区西坝河北里 51 号
邮　　编：100028
印　　刷：北京楠萍印刷有限公司
版　　次：2020 年 9 月第 1 版
印　　次：2020 年 9 月第 1 次印刷
开　　本：680 毫米 ×960 毫米　1/16
印　　张：22.5
字　　数：180 千字
书　　号：ISBN 978-7-5207-1639-0
定　　价：49.00 元
发行电话：（010）85924663　85924644　85924641

目 录

一、认知未来

二、科学

三、技术

四、政治学

五、经济学

六、新经济新产业

七、企业经营

八、社会发展与治理

九、全球化

十、认知美国

一、认知未来

未来生机：自然、科技与人类的模拟与共生

（[德]克里斯缇安·施瓦格尔著，马博译，中国人民大学出版社2017年版，21万字）

△4部分22章。提纲；黑暗的网络；网络生活；所有的互联网。

○阅读成就思想。

○未来从来不止一种可能。技术可以被用于造福地球众生，也有可能用来作恶。在人类世界这个新的时代，人类不是要借助技术“走出”大自然，而是要更深入自然。人类只有秉持善念，才能最终实现自然、科技与人类的模拟与共生。

○人工智能、云计算、大数据、辅助系统、机器人和无人驾驶飞机技术都在疾速发展。

○网络就是未来。

○产业化已成为全球发展的准则，并继续大步向前发展和进步着。

○在这个世界上最富有、最有权势的85个人拥有的财富，相当于35亿最贫穷的人所拥有的财富的总和。

○纯净是自然最好的一面。

○数据线、数据中心和卫星网络不仅是社会和经济发展的工具，还是由人所创造的自然。如果这种人为的自然被错误地开发，被用来镇压或杀戮，那么它们很快就会侵占整个文明，主宰整个地球。

○80亿人，2050年将再增加25亿。

○人、自然和科技。

（2017年7月30日中午阅毕）

人机共生：当爱情、生活和战争都自动化了，人类该如何自处

（[荷]朗伯·鲁亚科斯、瑞尼·凡·伊斯特著，粟志敏译，中国人民大学出版社 2017 年版，28.9 万字）

△本书汇集了机器人领域众多专家对五大领域机器人技术发展现状与未来最敏锐的洞察、最冷静的分析以及最深度的思考。全书共 7 章：①无处不在的机器人；②机器人的家：机械机器人、仿生机器人和类人机器人；③护理机器人：家庭自动化和机器人的作用；④城市中的无人机：机器人空中圆形监狱；⑤谁在开汽车：汽车的完全机器人化；⑥武装军用无人机：不同自主程度背后的伦理问题；⑦从关爱到战争的自动化。

○五大类机器人：家用、护理机器人、警用和私人无人机、汽车机器人和军用机器人。

○ 1956 年，物理学家约瑟夫·恩格尔伯格（“机器人之父”）成立了第一家机器人公司。设计了第一台工业机器人尤尼梅特。

○机器人学是开发、设计、创造和操作机器人的一个工程学领域。机器人工程师需要使用广泛的专业技术，例如电子学、计算机科学、人工智能和机电一体化。机器人学的核心是将各种技术领域整合在一起。

○性爱机器人。

○老龄化是指年龄超过 65 岁的人口数量与其他人口数量之比出现增长。

○无人机可能会大幅提升精细农业水平。

○国际劳工组织预计在全球有 450 万名性交易受害者。

○人类要想真正拥有一个和机器人共处的美好未来，就必须及时理解和预见新型机器人技术可能带来的机会和风险，只有这样才能让机器人成为自身无处不在的帮手，而不是潜在的威胁，甚至是作恶的帮凶。

（2018 年 2 月 10 日晨 0:10 阅毕）

半个地球

（[美]威尔逊著，浙江人民出版社 2017 年版，17.9 万字）

△威尔逊生于 1929 年，是当今美国生物学界的翘楚，被誉为“社会生物学之父”，“蚂蚁研究的权威”，“当代达尔文”。本书分为三个部分：我们面临的问题，我们生活的世界，我们的解决之道。

○ 6500 万年前，一颗小行星撞击地球。随后便是火山爆发、地震、酸雨。灰尘遮蔽了天空、挡住了阳光、阻止了光合作用，70% 的物种从此消失，包括恐龙。

○生物圈，地球所有的生物与其环境的总和。

○我们必须遵从军队在生存训练中提出的“万事皆三”原则：没有空气能生存三分钟，冰点气温环境下没有住所和衣物能生存三小时，不喝水能生存三天，没有粮食能生存三周。

○ 2015 年，科学家发现的已知物种数量已超过 200 万。

○世界上现存的犀牛有 27000 只。

○最先遭受打击的物种总是速度最慢、脑子最笨、味道最好的那一种。

○未来学家斯图亚特·布兰德：“我们形同上帝，而且必须要扮演好上帝的角色。”

○地球上至少有 2/3 的物种依然不为人知，尚未被命名。而在其他 1/3 已被发现的物种之中，只有 1/1000 得到了充分的生物学研究。

○预计到 21 世纪末，全球人口总数将达到 100 亿，上下浮动范围不超过 10 亿。

○用过时的短视思路对生物圈进行大肆破坏，必将令人类陷入一场自掘坟墓的灾难。

○人类继承下来的这个叹为观止的世界，是生物圈用了 38 亿年才建成的。

○虽然人类孤芳自赏、美梦联翩，但我们一直都是，也永远都会是一个生物学物种，与这个特定的生物世界有着不可分割的关系。

○我们终将老去，走入历史。但我们的孩子还要继承这个人类家园。为了让未来的孩子们能无忧无虑，享受到蓝天碧水，享用到清洁的食物和饮用水，生态学无疑是最值得关注的一门科学。

（2018 年 2 月 18 日晚 8:35 阅毕）

超人类革命

（[法]吕克·费希著，周行译，湖南科学技术出版社 2017 年版，16 万字）

△共 3 章：①什么是超人类主义？论理想型。②生物技术的二律背反："生物保守主义者" vs "生物进步主义者"。③共享经济和世界的"优步化"：资本主义的式微或混乱的放松管制？结论：监管的政治理念——超越悲观主义和乐观主义。

○随着生物技术、纳米技术、信息技术（大数据和互联网）、认知科学（人工智能和机器人）的发展，以及人机混合技术、3D 打印技术（尤其在医学上）的广泛运用，我们正经历一次前所未有的革命——超人类革命。当医学的目的从治疗转变为改善和增强，人类开始编辑基因、植入芯片……所谓长生不老再也不是神话或科幻，对人类的增强和改善更可能产生"超人类"。这场革命或将从政治、经济、道德、宗教等方面彻底改变人类社会。本书作者法国前教育部长、哲学家吕克·费希详尽分析了"超人类革命"产生的背景、围绕着它的无数争议，以及各种各样的解决方案，同时也给出自己的立场和建议。

○医学的目的从治疗转变为"增强 / 改善"。

○衰老的过程是生命体的损耗，损耗降低了它的机能（生存、思想、行动等能力），逐渐接近死亡。对几乎所有人来说，老总比死要好。因为死是万事皆空，老则一息尚存。

○奇点大学是由谷歌和美国国家航空航天局联合创办的一所新型大学，研究领域为合成生物学、纳米技术和人工智能等。

○孔多塞《人类精神进步史表纲要》（1795 年）："我们对人类未来状态的希望，可以归结为这样三个重点：废除各个国家之间的不平等，同一个民族内部平等的进步以及人类真正的完善化。"

○埃隆·马斯克说，人工智能是"有史以来对人类造成最大生存威胁的发明"。

○人已经开始在某些方面因为不受选择压力而退化，如嗅觉退化。今天我们的嗅觉比狗弱一万倍。

○“唯一可以确定的一件事是，我们有朝一日都会死。”

○人类没有——从来没有——无关利益的行动。

○迈克尔·鲁塞：“道德，也就是对好坏和义务的意识，其实是进化的产物。”

○物联网使通信互联网、能源互联网和物流互联网融合成一个统一系统一起运行。“物联网将人造环境与自然环境融合在了一个有序运转的网络中：所有人和所有事物为促进协同作用而互相沟通，为优化社会效率而促进互联，同时保证全球的公共福祉。”

○真正开始关心现实、当下和我们的孩子不得不面临的未来。

○一纳米代表一米的十亿分之一。

（2018 年 6 月 30 日上午阅毕）

定见未来：正确观察世界的 11 个思维模式

（[美] 约翰 · 奈斯比特著，魏平译，中信出版社 2018 年版，17.9 万字）

△共两个部分：一、思维模式：把握未来大趋势；二、未来世界大趋势。共 16 章。

○ 11 个思维模式：① 很多事情变了，但大多数事情没有变；② 未来存在于现实之中；③ 要认真把握媒体统计数据；④ 勇于追求，错又何妨；⑤ 把未来看作一幅拼图；⑥ 不要走得太快，免得让人不知道你在哪里；⑦ 要变革，先让人们看到收益；⑧ 改变是需要时间的；⑨ 成功靠的不是解决问题，而是利用机会；⑩ 旧的不去，新的不来；⑪ 科技，始终源于人性。

○对于一个拿着锤子的小男孩来说，所有东西看起来都像是一颗钉子。

○预测未来最可靠的方法就是立足现实。

○领导者如果想要成功地实现变革，就必须让下属明白变革的好处。

○在公元前 3000 年的时候，所罗门国王曾写下这样的名句："已有的事，后必再有；已行的事，后必再行。日光之下，并无新事。"而现在人们经常说的是，满天下都是新鲜事。

○追求完美会束缚你的思维。

○顺序是发现规律的大敌。

○未来就是一系列的可能、趋势、事件、迂回曲折、进步和惊奇。随着时间的流逝，所有的事物都会各就各位，形成一幅关于世界的完整新画面。想要预测未来，我们必须先预测这些单个画面的发展趋势，而且我们对它们之间的联系了解得越透彻，我们所预测的完整画面就越精确。

○即使天才领导者，也需要下属的配合才能把自己的想法付诸实践。如果我们把下属落下过远，只顾自己朝前跑，那么我们做的就是无用功。发送者和接收者都必须处于同一频率上。

○只有脚下的东西有足够的价值，你才会弯腰。

○乔治·萧伯纳："'明智'的人适应环境，不'明智'的人让环境适应自己。所有的进步都是依靠那些不'明智'的人才实现的。"

○机遇就像在暴风雪中没有关好的窗户一样，可能突然被吹开，又突然被关上。

○萧伯纳："人们总是喜欢抱怨周围的环境，但我不迷信环境。那些成功的人总是自己去寻找机遇，如果他们没有找到合适的机遇，那么他们就去创造机遇。"

○应该保留4000本藏书。尔后，除非扔掉一本书，否则就不会增添新书。

○科技是巨大的推动力，但是必须是在与人们的需求和人生平衡的时候才是如此。

○小、精、灵活才能赢得市场。

○整个"欧洲雕塑"共有25种心态和两个心脏。25个国家的心态与其他无法融合的因素：传统、雄心、福利和经济领导权混杂在一起。它的两个心脏也是以不同的节奏在跳动，一个是经济霸权，另一个是社会福利。骄傲和雄心都想争得自己的一席之地。无论要达到哪个目标，这两方面都必须相互妥协，但他们又都不愿意这样做。欧洲更有可能成为吸引富有的美国人和亚洲人前来参观的历史主题公园，而不是它自己展望的美好前景：世界上经济最有活力的地区。在经济方面，欧洲正经历双重保证的衰落。

○有时，最团结的事情就是拥有一个共同的敌人。

○中国现有100多个资产超过5亿美元的个人。最近，美国的百万富翁大概有30万个，这显然"过于保守"。

○管理大师彼得·德鲁克把20世纪末称为一个"非连续性变化"时期。在21世纪初的几年中，世界已经从非连续性变化时期进入一个长期的连续变化阶段。

○如果需要是发明之母，那么变化就是创新之父。

（2018年7月12日中午阅毕）

谢谢你迟到：以慢制胜，破题未来格局

（[美]托马斯·弗里德曼著，符荆捷等译，湖南科学技术出版社2018年版，40万字）

△共3部分（14章）：①反思；②加速；③创新。

○三度普利策奖得主，全球畅销书《世界是平的》（已售1000万册）作者最新著作。他在《纽约时报》的专栏文章，同步在全球超过700个媒体上刊登。这是他的第七本书。“写作的目的就是去影响或激发某种反应，而不仅仅是告知。”

○这个星球上最强大的三股力量：科技、全球化和气候变化。

○全球化既有收益，又有成本和风险。

○地球系统九大关键边界：①气候变化；②生物多样性；③森林退化；④地球上的生物化学流；⑤海洋酸化；⑥淡水的使用；⑦大气气溶胶的负荷；⑧“新物质的引进”，即我们所发明创造的化学物质、化合物、塑料、核废料等；⑨平流臭氧层的厚度。

○当弗里德曼问美国公共卫生局局长默西，什么是美国当今最严重的疾病时，默西毫不犹豫地说：“不是癌症，不是心脏病，而是孤独。”

○未来的时代是属于终身学习者和跨界高手的，未来的领导岗位是给那些能整合全球团队、打通科技与人文、有远见、有洞察力和感召力的“新人类”的。

○居里夫人：“生活中没有什么是值得恐惧的，你需要做的只是了解它。我们了解得越多，恐惧就会越少。”

○尽力提高社会适应能力。特勒提出，加强人类的适应能力，90%在于“优化学习能力”。

○高通格言：人际互联，改变生活；万物互联，改变生命。

○“没有摩尔定律就不会有大数据。”

○高通的雅各布斯说，他有一个人生奋斗目标：“让地球上的每个人都

有自己的电话号码。”

○蒙迪：“一切都在变化，每个人都受到正反两方面的影响。”

○在硅谷有一句名言，凡是可模拟的东西可数字化，凡是可数字化的东西皆可存储，凡是可存储的东西皆可用更强大的计算机系统及软件进行分析，从中学到的东西皆可立即获得应用，旧事物能做得更好，新事物将成为可能。

○抛弃存量，拥抱流量。（拥抱正能量，抛弃负能量。）

○古语：上帝总是宽恕，人类常常谅解，而自然从不饶恕。

○地球大约46亿年前形成，38亿年前出现简单的生命，6亿年前复杂的生命形式才开始形成。只有在过去的1万年中，人类才得以享受到平静与稳定的气候条件，才得以走出旧石器时代的洞穴，才出现农业、畜牧业、建造城镇，最终出现了文艺复兴、工业革命和信息技术革命。

○达尔文：不是强者生存，而是适者生存。

○大自然是我们最好的政治导师。

○持久的价值观：诚实、谦卑、诚信、相互尊重。

○合作以信任为基础。

（2018年7月28日下午阅毕）

第七感：权力、财富与这个世界的生存法则

（[美]乔舒亚·库珀·雷默著，罗康琳译，中信出版社 2017 年版，27.2 万字）

△全书共 3 个部分 11 章：第一部分：时代的本质——①大师：从中国禅宗到第七感；②网络力量时代；③战争、和平与网络。第二部分：第七感——④连接之门：网络力量的对立统一；⑤渔网：连接的复杂性；⑥黑客帝国：连接产生的危机；⑦“新阶层”：拥有第七感的群体诞生；⑧空前的强度：空间与时间的压缩。第三部分：门户领域——⑨门里门外：新时代的权力分布；⑩严守门户：破旧立新的未来时代；⑪公民：唤醒第七感！

○网络时代的对立统一。这是一个相互连接的时代，你是谁，取决于你和谁连接。

○今天，世界的中心是连接。人、电脑、机器，几乎一切事物都在连接。

○只有谦卑地放下自己，才能用眼观察、用耳倾听、用心体会，才能获得新的灵感和力量。

○只有拥有第七感，才能在纷繁复杂的网络时代生存下来。所谓的第七感，就是透过现象看到连接的本质的能力。

○世间没有一劳永逸的好事。

○“第七感揭示了一个根本事实：连接改变事物的本质。”

○冯·克劳塞维茨这样描述以前的陆地战争：“总司令官必须对一个省、一个国家的布局有整体的把握。他的脑海里必须有各条街道、每条河流、每条山脉走向的清晰画面，同时他还要能对周围的事物做出即时反应。”这是一种至关重要的统筹能力。

○哈耶克认为，有两种保险闩也许可以保护人类：第一种是永恒追求个人自由的人类本能，第二种是中央计划体系的低效率。

○越困惑，就越寄希望于已有的观念，此乃人之常情。

○破则立，是美国国民性格中的一个优秀特征。

○刘亚洲："一个大国可以输掉很多场战争，但是有一种失败是致命的，那就是战略上的失败。"

○奥威尔曾说："文明史在很大程度上是武器史。"过去几百年间，改变实力和财富是通过军队入侵、舰队炮轰和空军袭击来实现的。而在未来，只有拥有和使用连接、网络和机械智能，才能拥有真正的终极影响力。

○无恨则无爱，无静则无乱，无丑则无美，无创造则无毁灭。

○未来的发展不仅依靠连接，还要以更快的速度连接。

○机器将会知道科学和宇宙甚至关于人类的真理，而人类却无法理解。

（2018 年 8 月 25 日晚 11:05 阅毕）

今日简史：人类命运大议题

（[以色列]尤瓦尔·赫拉利著，中信出版社2018年版，27.8万字）

△共5部分：①科技颠覆；②政治挑战；③绝望与希望；④真相；⑤生存下去。

○《人类简史》《未来简史》之后“简史三部曲”收官之作。

○科技颠覆、生态崩溃、核战争，是当下人类面临的三大挑战，任何单一国家都无法解决这些全球性问题。当务之急，是重建人类的全球认同：人类新故事。

○19世纪汽车取代马车时，许多马车夫转行当出租车司机；今天我们的处境类似，只不过我们不是那些马车夫，而是被淘汰的马。未来，别说一辈子做同一份工作了，你可能每五年就得换一次行业。

○人类将越来越多地面对以前从未遇到的事物。人生逻辑不再是线性的，“不连续性”可能成为显著特征和常态。教孩子拥抱未知、保持心理平衡，比教他们物理方程式重要得多。

○特朗普时期所散发的是浓浓的虚无主义。

○计算机最终取代人类的司机、银行、经理和律师等。

○恐怖分子可以说是控制人心的大师。对此，切忌反应过度。

○想治疗人类的愚蠢，办法之一可能就是加点儿谦逊。

○巨大的权力就像一个黑洞，会让周围的空间扭曲，而且越接近它，扭曲程度就越大。

○最好的选择就是承认自己的无知。

○人类之所以能够控制世界，是因为合作的能力高于任何其他动物，而之所以有那么强的合作能力，是因为他们能够相信虚构的故事。

○在这个困惑的年代，旧的故事崩塌，新的故事还无以为继，我们该怎么生存下去？

○人几乎不可能只有一种身份。

〇“法西斯主义”一词来自拉丁文，意为“一捆棍子”。

（2018 年 9 月 24 日中秋节晚阅毕）

第五次开始

（[美]罗伯特·L.凯利著，徐坚译，中信出版社2018年版，18.1万字）

△共7章：①世界尽头，如我所知；②考古学家如何思考；③棍棒和石头、技术的开始；④珍珠和故事：文化的开始；⑤面包和啤酒：农业的开始；⑥国王和锁链：国家的开始；⑦世无永恒：第五次开始。

○考古学家罗伯特·凯利，站在600万年的时间跨度上告诉人们，今天，我们正处在一个新的临界点上：第五次开始，人类存在的基本特征将彻底改变，全新时代正在开启。

○15000年前，全世界无人不是狩猎、采集者。

○福克纳《修女安魂曲》："过去不逝，甚至不曾过去。"

○黑猩猩和人类共享高达98%的DNA。

○使用符号的能力是人类文化的核心。

○距今7万年前，智人走出非洲，他们占据了包括欧洲的尼安德特人在内的其他人种的地盘。

○战争是精心计算的冒险。

○三项进程分别回应了20世纪互相冲突的不同潮流，都指向世界政府的未来：资本主义对廉价劳动力的追求、军备竞赛和人类文化的全球化。

○全球有两亿人生活在海拔5米以下的地区，海平面上升将会导致他们流离失所。

○"人类道德轨迹漫长，但终将归于正义。"——马丁·路德·金

○人类现在已经拥有改造世界的能力，我们有自我教育的历史。

○从灵长类动物从树端跳下地面，将石头打造成工具的那一刻开始，人类的进化一直是，而且应该是，甚至必须是由我们自己掌控的。

○技术、文化、农业、"国家"，一个全球化的转型时代、一个基于合作的竞争时代的崭新开始。

（2018年9月28日中午阅毕）

廉价的代价：资本主义、自然与星球的未来

（[美] 拉杰·帕特尔，詹森·W.摩尔著，吴文忠等译，中信出版社2018年版，26万字）

△共9部分：①绪论；②廉价的自然；③廉价的货币；④廉价的劳动；⑤廉价的关怀；⑥廉价的食物；⑦廉价的能源；⑧廉价的生命；⑨结论。

○借助前沿的生态学研究、西方列强殖民史、原住民斗争史和其他被压迫人群的反抗史，阐明资本主义正是由于实施廉价战略——使自然、货币、劳动、关怀、食物、能源和生命保持廉价——才造成了当前资本主义发展的困境。

○阅读这本书，对了解资本主义经济危机的起源及化解危机的策略，思考经济增长的速度、质量、效益和环境保护工作之间如何实现良性互动有帮助和启示。

○在经历了原始文明、农业文明、工业文明三个阶段后，人类社会正在进入一个全新的发展阶段：向生态文明过渡。生态文明是工业文明发展到一定阶段的产物，是超越工业文明的新的文明境界，是人类社会文明的高级形态，也是当今世界各国特别是我国正在大力推动的一种社会文明形态。

○“和平赤字、发展赤字、治理赤字，是摆在全人类面前的严峻挑战。”

○廉价并不是物美价廉，也不是说交易当中的另一方，而是一种战略——降低价格，是为了控制更广泛生命网络的一套战略。

○人要活下去就需要改变自身的环境。

○没有了麻雀这样的天敌，昆虫的数量急剧增加。昆虫大肆啃噬着粮食，这也是1959—1961年中国“三年困难时期”的原因之一。

（2018年10月20日晚阅毕）

未来的冲击

（[美]阿尔文·托夫勒著，黄明坚译，中信出版社 2018 年第 1 版，32 万字）

△共 6 部分（19 章）：①长久的终结；②短暂性；③新奇性；④多样性；⑤适应性的限度；⑥生存的战略。

○变革，是未来扰乱人们生活的一个过程，必须集中精力来研究它——不仅要从历史的宏观视角对它加以分析，更要从个人实际的生活经验中进行探索。

○ 1850 年，世界上人口超过 100 万的城市仅有 4 个；1900 年，增至 19 个；1960 年，已有 141 个人口超过 100 万的城市。根据荷兰海牙社会科学研究院的统计，当今世界的都市人口每年将以 6.5% 的幅度增长，而这意味着，地球上的城市人口每 11 年将增长一倍。

○ “知识就是变革。”对知识的追求促进了技术发展，也意味着加速的变革。

○在向超工业社会过渡的国家里、在未来的人看来，迁移是一种生活方式，是一种摆脱过去的自由，是迈向更富裕的未来的必经阶段。

○在佛罗里达劳德代尔堡海滩享受阳光浴，重要的原因是一种可以暂时抛开责任的自由感。

○正如游牧民族从一地迁到另一地，人类正在不断由一个组织结构转到另一个组织结构。

○新发现、新技术加速改变我们的生活节奏，要求我们拥有一种更高的适应能力，而且播下极具潜在破坏力的社会病症的种子：未来的冲击。

○将来很有可能不需要女性的子宫，人类将在人体外受孕、抚养，直到长大成人。

○世界即将面临一种相当于军备竞赛的遗传学竞赛。

○家庭，曾被称为社会的“缓冲器”，是个人避风的港湾，是急流汹涌的环境中个人最坚实的据点。而当超工业革命展开之际，“缓冲器”本身也将遭受某些冲击。

○因为选择极可能造成选择过多的情形，而自由也会使我们变得不自由。

○在多样性、短暂性及新奇性相汇之际，社会正步入一个历史性的适应危机。我们正在创造一个短暂、陌生而复杂的环境，这种瞬息万变的环境将使千千万万人的适应力为之崩溃，而形成未来的冲击。

○人类已经成功证实，自己是所有生物中最具有适应力者。未来的冲击对人体的影响甚大。由于科学、技术以及社会变革的加剧，人体内化学机能及生物机能的稳定性必然受到严重干扰。

○解决未来冲击的方法不是“以不变应万变”，而是以一种不同类型的变革来疏导。

○过去，仪式是一种重要的变革缓冲器。

○“事先的警告乃是最佳的准备。”

（2018年12月6日晚上阅毕）

权力的转移

（[美]阿尔文·托夫勒著，黄锦桂译，中信出版社 2018 年版，35.8 万字）

△共 6 部分（33 章）：①权力新鲜；②超级信息符号经济里的生活；③信息战；④弹性公司的权力；⑤权力转移中的政治；⑥全球性权力的转移。

○如果权力是一种有特殊企图的控制，那么暴力、财富和知识是社会权力的基本源泉，三者决定社会权力的分配。暴力作为一种权力源泉不会很快结束，财富乃是可畏的权势工具，但最高质量的权力是知识。

○在 21 世纪的经济和世界发展中，知识的重要性随着时间的推移而不断增加，技术和信息的掌握是知识权力有力的体现。在国家层面，在暴力、财富、知识的权力三角中，任何一角的偏废都不足以支撑一个国家在世界权力格局中的显赫地位。在商业界，暴力、财富和知识也是主要的权力争夺工具。不了解这三样工具如何变动的人，等于搭上了通往经济衰亡的火车。

○然而在未来，最重要的权力转移不是人与人、机构与机构或国与国之间的转移，而是当社会在面临未来的冲击时发生在暴力、财富和知识之间的隐蔽的权力转移。

○诚如托夫勒所言，未来总是来得太快，还经常以错误的顺序出现。在迈入不可知的未来之前，我们手中最好先握有这样一张虽不完整却有粗略雏形的地图，一路摸索一路更正，总比完全摸不着方向来得好！

○长远看来，每个国家的权力都来源于其脑力工作的成果：科学技术研究、劳动力的培训、设计精妙的软件、智慧的经营管理、先进的信息系统、电子金融等。这些是未来权力的关键来源。在这些战略性武器中，最重要的莫过于一流的管理组织，尤其是对知识本身的组织。

○新的英雄已不再是蓝领工人、金融家或企业管理者，而是能够把富有想象力的知识与行动结合起来的创新者（大型组织内外都有）。

○丘吉尔曾拒绝阅读任何“过滤过和消化过”的情报分析，坚持看“真实的文件，它们最初的样子”，这样他能够自己得出结论。

○约瑟夫·康拉德：“一个人最公开的行动都有其秘密的一面。”

○真正发挥作用的不是“电视政治”，而是媒体融合。

○没有一个社会可容忍完全的信息自由，所有社会生活都有必要保留一些秘密。

○系统越不稳定，机会越重要。

○权力资源过度集中是危险的。

（2018 年 12 月 8 日下午阅毕）

第六次浪潮

（[芬]马库·维莱纽斯著，刘怡、李飞译，清华大学出版社2018年版，18.6万字）

△使用康德拉季耶夫长波理论来解读眼前的世界。作者认为，我们正在进入第六次浪潮：智能时代。席卷全球的第六次浪潮将挑战我们当前的价值观、体制以及商业模式。共12章：①真实的世界动态；②变数带来的痛苦与激奋；③进步的浪潮；④地球的脉搏；⑤人民的怒吼；⑥经济的意义；⑦歌颂企业家精神；⑧领导自由；⑨教育与文化的力量；⑩意识革命；⑪芬兰的机会；⑫我们需要做什么。结语：走向合作社会。

○人类与动物的区别在于人有目标。

○如果社会和文化结构不发展，智能数字系统将无用武之地。

○第六次浪潮的运作原则：①协作；②开放；③共享；④诚信；⑤依存关系。

○“看不见的手”的任务是确保私人利益与公共利益相一致。

○未来几十年的赢家将是下列领域的领导者：①从日益加速的全球化进程中获利的公司；②从人口年龄结构的改变中获利的医疗保健公司；③通过为关注自身健康的人群提供综合保健服务获利的公司；④可持续性和循环经济市场中的公司；⑤将微观结构集成到产品和服务中的公司。

○企业家必须从自己的错误中学习、快速学习，否则企业就会失败。

○未来的教育可以围绕以下五个主题来开展：①信息分析与组织：从吸引信息，到能够发现和批判信息，以及识别信息来源；②学会学习：从记录单独的事实转变为就学习过程达成共识；③以解决方案为导向：能够解决问题；④发挥创造力：能够在所有思想和行动中产生新的特点；⑤文化技能：能够在多元文化世界中成长。

○世界能源系统需要进行彻底、全面的改革；循环经济的原则必须成为所有经济活动和日常生活的核心组成部分；必须充分利用已经让世界发生改变的新技术；要建立长期的政治决策体制，以制定和实现长期目标。

○真正的社会进步离不开合作。

（2018 年 12 月 15 日晚上阅毕）

十问：霍金沉思录

（[英] 史蒂芬·霍金著，吴忠超译，湖南科学技术出版社 2019 年版，14.1 万字）

△十问：①上帝存在吗？②一切如何开始？③宇宙中存在其他智慧生命吗？④我们能预测未来吗？⑤黑洞中是什么？⑥时间旅行可能吗？⑦我们能在地球上存活吗？⑧我们应去太空殖民吗？⑨人工智能会不会超过我？⑩我们如何塑造未来？

○史蒂芬·霍金，1942 年 1 月 8 日出生于英国牛津，是现代最伟大的物理学家之一。霍金是剑桥大学的卢卡斯数学教授，获得了包括总统自由勋章在内的众多奖项和荣誉，著有《时间简史》《果壳中的宇宙》《大设计》《黑洞不是黑的》等著作。2018 年 3 月 14 日，霍金去世，长眠于西敏寺，与牛顿和达尔文为邻。

○在古代，世界似乎非常任性。诸如洪水、瘟疫、地震或火山等灾害似乎总是在没有任何警告或明显原因的情况下发生。原始人将这种自然现象归咎于众神，他们的行为既反复无常，又异想天开。没有办法预测他们会做什么，唯一的希望是通过礼物与幸运缔结契约。

○到目前为止，我们拥有的最复杂的系统是我们自己的身体。生命似乎起源于 40 亿年前覆盖地球的原始海洋。在 35 亿年前，出现了高度复杂的 DNA。DNA 是地球上所有生命的基础。

○小行星碰撞将成为我们无法防御的威胁。不过最近一次这样的小行星碰撞大约发生于 6600 万年前，并导致恐龙灭绝。

○太空竞赛有助于产生对科学的迷恋并加速我们的技术进步。

○人类作为一个单独的物种存在了大约 200 万年。文明始于大约 1 万年前，并且发展速度一直在稳步增长。如果人类要继续延续 100 万年，我们的未来就在于大胆前进到之前无人去过的地方。

○智力是人之为人的核心。文明所提供的一切都是人类智慧的产物。

○当我们发明火时，我们反复被火搞砸了一些事情，然后发明了灭火器。鉴于拥有更强大的技术譬如核武器、合成生物学和强人工智能，我们应该改为预先计划未来，并希望第一次就把事情弄妥，因为这可能是我们仅有的机会。我们的未来是一个技术日益增长的力量和使用它的智慧之间的竞争。让我们确保智慧胜利。

〇影响人类未来的第二个发展是人工智能的兴起。

〇这些问题既是科学问题，也是文化问题。无限的星空一定蕴藏着解决我们生存问题的地方。

〇宇宙无中生有地创生后，最美妙的事情是孕育了生命，以及生命的子集升华出意识，而其中最珍贵的子集能理解宇宙和自身。

〇霍金于 21 岁时开始罹患肌萎缩侧索硬化症，不久以后他便被禁锢在轮椅上，有医生预言他只能活几年了，但他活到了 76 岁。他在轮椅上扩展了人类认知宇宙时空的科学大门。

（2019 年 4 月 10 日夜 11:30 阅毕）

生命 3.0

（[美] 迈克斯·泰格马克著，汪婕舒译，浙江教育出版社 2018 年版，34.2 万字）

△ 8 部分：①欢迎参与我们这个时代最重要的对话；②物质孕育智能；③不远的未来：科技大突破、故障、法律、武器和就业；④智能爆炸；⑤劫后余波，未知的世界：接下来的 1 万年；⑥挑战宇宙禀赋：接下来的 10 亿年以及以后；⑦目标；⑧意识。

○迈克斯·泰格马克，麻省理工学院物理系终身教授，《科学》杂志"2003 年度突破奖"第一名获得者，被誉为"最为接近理查德·费曼的科学家"。著有畅销书《穿越平行宇宙》。

○李鸿章年轻时写过这样一句诗："一万年来谁著史"，泰格马克这本《生命 3.0》的气魄比这个大，研究的是人类的终极命运。

○泰格马克把生命分为三个阶段。第一阶段称为生命 1.0，指在宇宙中自然进化的生命。这是一个自然的、没有经过干预的、没有经过雕琢的生命演化进程。第二阶段称为生命 2.0。他认为，生命 2.0 是人的文化构造与人的进化交织在一起的进程。第三阶段称为生命 3.0。是当下正在发生的事情，就是人有了"介人"生命演化的可能性。

○有 7 个政治口号的支持率显著上升：民主、减税、削减政府的社会性服务、削减军费、自由贸易、开放边境、企业社会责任。

○未来生命研究所：科技赋予生命一种潜能，它能实现前所未有的繁荣，也能让生命自我毁灭。

○生命，是一个能保持自身复杂性并能进行复制的过程。复制的对象并不是由原子组成的物质，而是能阐明原子是如何排列的信息，这种信息由比特组成。

○根据生命设计自身的能力，分为：①生命 1.0（生物阶段）：靠进化获得硬件和软件；②生命 2.0（文化阶段）：靠进化获得硬件，但大部分软件是由自己设计的；③生命 3.0（科技阶段）：自己设计硬件和软件。

○学习的历史至少与生命的历史一样漫长，因为所有自我复制的生物都展现出了两种能力，即通过某种学习获得的信息复制能力和信息处理能力。

○欧文·科里："如果我们不那么快地改变方向，最终就会到达我们一路前往的地方。"

○"如果没坏，就别修理。"

○我们现在之所以能统治地球，是因为我们比其他生命更聪明。那么，如果出现一个比我们更聪明的超级智能，那它同样也可能会推翻我们的统治。

○如果有一天我们造出了人类水平的通用人工智能，就可能会触发一场智能爆炸，将人类远远甩在后面。

○马歇尔·布莱恩："人类将变得像蟑螂一样无足轻重。"

○九大区域系统：知识、艺术、享乐、敬神、野外、传统、游戏、虚拟、监狱区域。

○虽然人工智能可能会取代人类，但它们可以让我们从容地退出历史舞台，并把它们视为自己的后裔。

○最有可能在宇宙尺度上分享和交易的商品是信息。

○陀思妥耶夫斯基《卡拉马佐夫兄弟》："人类存在的奥秘不在于活着，而在于寻找为之而活的目标。"爱默生："人生是一场旅途，而不是终点站。"

○几千年过去了，人类唯一的共识就是：没有共识。

○智能是完成复杂目标的能力。

○未来的某些人工智能系统可能也是有意识的。

○意识等于主观体验。

○阿西莫夫："如今，生命最大的悲哀莫过于科学汇聚知识的速度快于社会汇聚智慧的速度。"

（2019 年 4 月 26 日晚上 11:20 阅毕）

对话最强大脑：精英眼中的未来世界

（李大巍著，浙江大学出版社 2019 年版，16.7 万字）

△ 12 部分：①凯文·凯利：未来来客；②皮埃罗·斯加鲁菲：我不害怕人工智能，我怕它来得还不够快；③奈斯比特夫妇：用世界听得懂的方式输出中国文化；④尤瓦尔·赫拉利：未来、人类和今日的简史；⑤亚力克斯·塔普斯科特：区块链将彻底改变商业生态；⑥马丁·沃尔夫：全球化的新舵手：中国；⑦米歇尔·渥克：驾驶灰犀牛的艺术；⑧托马斯·J. 萨金特：健身房里永葆青春的诺奖经济学家；⑨乔·韦曼：从云经济学之父到新零售教父；⑩彼得·蒂尔：审视科技、商业、未来的哲学；⑪戴安娜·柯伊尔：经济学家和高尚的学科；⑫贾斯汀·卡塞尔：人工智能女王眼中的人类未来。

○这本书的所有谈话，都贯穿着一个“终极之问”：明天会好吗？这不仅是一个简单的问句，更是一个看清今天、看懂明天的方法。

○预测未来的最好办法就是躬身创造它，“未来”是动词，不是名词，不是一段描述，而是行动。它是被人文主义和理想主义激发，被高科技赋能，被经济学加杠杆，被诗人赐予浪漫意义的行动。

○学习如何学习的能力是应对未来世界所需的最重要技能，终身学习、个体学习，还有优化学习。

○中国需要“破坏性创新”。

○ 20 世纪，阿尔文·托夫勒、约翰·奈斯比特以及卡特政府的国家安全顾问布热津斯基，被并称为三大未来学家，百余位世界领导人是他们的信徒，几十亿人的人生被他们的思想所改变。

○ “一带一路”将成为世界发展的发动机。

○改变。做出大的改变需要很大的勇气，但是如果到生命的尽头才发现自己一生都没有尝试改变，那才更加可悲。对未来要充满信心，世界当然会越来越好。

○《未来简史》：未来，人类将面临三大问题：生物本身就是算法，生命是不断处理数据的过程；意识与智能分离；拥有大数据积累的外部环境将比我们自己更了解自己。尤瓦尔·赫拉利在书中断言："未来，只有1% 的人将完成下一次生物进化，升级为新物种，而剩下 99% 的人将彻底沦为无用阶级。"

○渥克提出人们面对"灰犀牛"的五个阶段：否认；混日子；争吵；惊恐；要么行动，要么崩溃。

○中国的"灰犀牛"是什么？房地产、人民币汇率、金融坏账和资本外流。

○人工智能是实体经济的"灰犀牛"。

○"云经济学"，是"一种融合了统计、计算复杂性、系统动态学、微积分、经济学和行为经济学的用于衡量云的价值的严密而跨学科的方法"。

○新零售战略要旨：①消费者购物体验与流程的数字化；②将线上与线下、数字与实体融合，即全渠道化；③针对消费者和产品信息的平台化；④将购物转变为体验的娱乐化。

○ 20 世纪最伟大的发明是什么？飞机、电视、手机、阿司匹林……柯伊尔教授认为是 GDP。

○人工智能给企业带来的商业机遇：个性化服务；物联网和可穿戴设备；智能制造业。

（2019 年 6 月 8 日晚上 10:30 阅毕）

掌控大趋势：如何正确认识、掌控这个变化的世界

（［奥］多丽丝·奈斯比特、约翰·奈斯比特著，西江月译，中信出版社2018年版，21万字）

△10章：①新的世界秩序正在形成：从单一大趋势到系统和整体的改变；②摆脱思维惯性：如何做出判断并掌控你的情感；③谁代表未来：理解主要角色的思维模式；④后来者：新兴角色走上舞台；⑤世界新图景；⑥掌控一个新的世界；⑦掌控教育挑战；⑧掌控大众传播；⑨“一带一路”：掌控新的贸易秩序；⑩掌控我们的思想。

○从新的世界秩序和贸易秩序形成、前沿科技的发展、应对教育挑战、掌控大众传播、摆脱思维惯性等角度抽丝剥茧，系统而深刻地解读了这个世界的现在与未来。

○未来几十年时间里，单一的大趋势将转变成系统的、整体的、全球性的变革——政治意义上的、经济意义上的、社会意义上的以及规则和程序意义上的。

○变化是好还是坏，取决于如何看待它，如何未雨绸缪，还取决于我们如何抓住变化所带来的机会。我们对外部环境了解得越多，我们从变化的图景中所得出的判断越准确，所获得的连接越精确，对自己道路的驾驭就会越轻松。

○萧伯纳：人类总是抱怨他成为现在的自己是因为所处的环境，但我不相信这是因为环境。改变世界的是这样一群人，他们寻找梦想中的乐园，当他们找不到时，他们就亲手创造了。

○仁者乐山，智者乐水。当今时代，仁智者乐海洋。我们的目光要探向深海、极地、太空、网络等全球公域，实现中华文明从内陆走向海洋、从农耕走向工业化及信息化、从区域走向全球的三大文明转型。

○在每一个即将到来的10年里，变化的速度都是呈指数级增长。

○“唯一确定的是不确定。”

○未来在很大程度上是受新技术驱动的区域和全球性事件的综合体。

○美国：从最伟大到伟大。美国没有失去人才优势，失去的是政治优势。

○自上而下、自下而上的力量必须保持平衡。

○放下过去是拥抱未来的前提条件。

○工业 4.0 是物联网的基础。

○思想和信仰，和我们的情感一起，塑造了我们与这个世界的关系。

○生而知之者，上也；学而知之者，次也；困而学之，又其次也。困而不学，民斯为下矣。

○ 2015 年全球商品贸易量总额达到 16.5 万亿美元。

○在中国的“一带一路”倡议中，有六大国内战略支柱将会起到关键作用：①多样化中国经济发展，增加对外投资；②提供充裕资金；③整合区域投资；④增进相互了解；⑤把关系应用在国际舞台上；⑥跳过基础设施。

（2019 年 10 月 16 日夜 11:15 阅毕）

从祖先到算法：加速进化的人类文化

（［美］亚历山大·本特利等著，任烨译，中信出版社 2019 年版，11.2 万字）

△ 10 部分：①传统思想；②非诺曼式的改变；③检验传播；④文化树；⑤贝叶斯学派；⑥传统承继与水平联系；⑦网络；⑧后见之明；⑨摩尔更好吗；⑩人鱼童话。

○狩猎采集时期的人类进化成了优秀的投掷者、咀嚼者和长跑者。作者认为，只有文化进化的加速才能解释这种发展。在未来，人工智能可以用来解决信息过载的问题。

○无论文化以怎样的速度变化，它都为人类的生存提供了基础。

○竞争还可能会导致另一个很难摆脱的传统：血仇。这种世代血仇的生命力极强，它可以潜伏几十年，然后卷土重来。

○“我们强大的程度取决于我们当中的最弱者。”

○进化意味着代与代之间有不同的变体在被传播。人们可以根据情况对这些变体进行分类，因为某些变体的传播频率会高于其他变体。

○大约 8000 年前，甘蔗首次在新几内亚被栽培种植，此后种植甘蔗的传统一直延续了几千年。

○网络不仅仅是一种空间隐喻，它在人类生活中无处不在，引导着财富和信息的流动，进而决定最终的影响。

○我们的世界有很大一部分是人类集体想象的产物，也就是我们所说的文化。理解文化进化是理解经济、社会和技术进化的关键。这本书讲述了一个精致、深刻而又迷人的故事，把读者从石器时代带到了社交媒体时代。

（2019 年 11 月 4 日夜 11:50 阅毕）

二、科学

时间简史（插图版）

（[英]史蒂芬·霍金著，许明贤、吴忠超译，湖南科学技术出版社 2017 年版，17.1 万字）

△共 12 章：①我们的宇宙图像；②空间和时间；③膨胀的宇宙；④不确定性原理；⑤基本粒子和自然的力；⑥黑洞；⑦黑洞不是这么黑的；⑧宇宙的起源和命运；⑨时间箭头；⑩虫洞和时间旅行；⑪物理学的统一；⑫ 结论。爱因斯坦、伽利略、牛顿。

○霍金出生于 1942 年，曾任剑桥大学卢卡斯数学教授，被推崇为继爱因斯坦之后最杰出的理论物理学家。他的其他著作《霍金讲演录：黑洞、婴儿宇宙及其他》和《果壳中的宇宙》等也享誉知识界。（霍金 1962 年毕业于牛津大学）。

○宇宙学是一门既古老又年轻的学科。但人类理念的进化是极其缓慢和艰苦的，从亚里士多德－托勒密地心说到哥白尼－伽利略日心说的演化就花了大约 2000 年的时间。尽管人们知道世间的一切都在运动，只有到 20 世纪 20 年代哈勃发现了红移定律后，宇宙演化的观念才进入人类的意识。

○爱因斯坦说，他的一生“一半用于政治，一半用于方程”。

○反粒子：每个类型的物质粒子都有相对应的反粒子。当一个粒子和它的反粒子碰撞时，两者就湮灭，只留下能量。

○原子：通常物质的基本单元，是由很小的核子（包括质子和中子）以及围着它转动的电子构成。

○大爆炸：宇宙开端的奇点。

○大挤压：宇宙终点的奇点。

○黑洞：时空的一个区域，因为那里的引力也是如此之强，以至于任何东西，甚至光都不能从该处逃逸出来。

○光子：光的一个量子。

○质子：一种和中子非常类似的但带正电荷的粒子，在大多数原子的核中大约一半的粒子是质子。

○量子：波可被发射或吸引的不可分的单位。

○夸克：感受强作用力的（带电的）基本粒子。每一个质子和中子都由 3 个夸克组成。

○虫洞：连接宇宙的遥远区域的时空细管。虫洞还可以连接到平行或婴儿宇宙，并且能够提供时间旅行的可能性。

（2017 年 9 月 29 日晨 0:25 阅毕）

上帝掷骰子吗：量子物理史话

（曹天元著，北京联合出版公司 2013 年版，56 万字）

△共 13 个部分：黄金时代、乌云、火流星、白云深处、曙光、殊途同归、不确定性、决战、歧途、回归经典、不等式的判决、新探险、尾声，是一本非科学家谈论科学的作品。表明科学不是科学家的禁脔，科学对于公众来说，经过努力也是可亲近的。

○量子世界像骰子一样难以预测，迄今还没有谁敢说真正理解了它，任何科学探险都不如量子之旅惊险和神奇。

○量子论历史大事记：1900 年，普朗克提出量子的概念；1924 年，路易斯·德布罗意提出光的粒子行为与粒子的波动行为应该是对应存在的；1924 年，玻色提出光遵循一种建立在粒子不可区分的性质（即全同性）上的一种新的统计理论；1925 年，海森堡、波恩和约尔当提出了量子力学的第一个版本；1925 年，泡利提出了量子力学的第二种形式，波动力学；1926 年，薛定谔提出了量子力学的第二种形式，波动力学；1927 年，尼尔斯·玻尔提出互补原理，试图解释量子理论中一些明显的矛盾，特别是波粒二象性；1927 年，海森堡阐明测不准原理；1928 年，狄拉克提出了相对论性的波动方程用来描述电子，解释了电子的自旋并且预测了反物质。

○虎父无犬子。

○量子概念的诞生已超过 100 年，但它的一些基本思想至今不为普通的大众所熟知。

○现代科学创立之初，也就是 17、18 世纪的时候，英国是毫无争议的世界科学中心（以前是意大利）。牛顿、波义耳、胡克、戴维、卡文迪许、道尔顿、法拉第、托马斯·杨，都是世界知名的大科学家。

○如果站在一个比较高的角度来看历史，一切事物都是遵循特定的轨迹的，没有无缘无故的事情，也没有不合常理的发展。在时代浪尖里弄潮的英雄人物，其实都只是符合了那个时代的基本要求，这才得到了属于他们的无上荣耀。

〇牛顿："如果我看得更远的话，那是因为我站在巨人的肩膀上。"

〇量子论的发展几乎就是年轻人的天下，爱因斯坦1905年提出光量子假说时，才26岁；玻尔1913年提出原子结构时，28岁；德布罗意1923年提出相波时，31岁；等等。

〇 1998年，古斯："宇宙本身就是一顿免费午餐。"

〇阿基米德的浴缸，牛顿的苹果，瓦特的茶壶，爱因斯坦的小板凳……

〇最著名的在公众前被处死的"科学家"大概还是拉瓦锡，当然原因也和科学无关。他因为担任过旧政府的收税官，在法国大革命中被送上了断头台。拉格朗日对此说了一句著名的评论："砍掉他的脑袋只需要1秒钟，但就算过上100年，法国也未必能再生出这样一个脑袋来。"

〇 1930年11月9日，爱因斯坦《论科学与宗教》："没有宗教的科学是跛足的，没有科学的宗教是盲目的。"

〇量子论的出现彻底改变了世界的面貌，它比史上任何一种理论都引发了更多的技术革命。核能、计算机技术、新材料、能源技术、信息技术……这些都在根本上和量子论密切相关。

（2018年2月3日晚阅毕）

给世界的答案

（[美]伯温格著，凌复华、彭婧珞译，中信出版社 2016 年版，26 万字）

△共 4 个部分：①希腊物理学；②希腊天文学；③中世纪；④科学革命。

○作者将其学术资质和科学史知识结合起来，研究了一个令人着迷的问题：解释世界的努力如何随着推移而改变。“非凡的故事，是人类历史中最有趣的故事之一。”

○雅典四大哲学学校：柏拉图学派的“学院”、亚里士多德的吕克昂学园、伊壁鸠鲁学派的“花园”和斯多葛学派的“柱廊”。

○古希腊的科学成就长期处于世界领先水平，直到 16—17 世纪发生科学革命时才被超越。希腊人的一个重大发现是：人们能够用自然主义的精确数学理论对自然界的某些方面——尤其是光学和天文学方面——进行描述，而且这些理论能够与观测结果相符。关于光和天体的知识无疑是重要的，但更重要的是我们对具有可知性事物的认识，以及认识它们的方法。

○根据哥白尼、第谷、开普勒和伽利略等人所做的计算和观测，人们对太阳系有了正确的描述，体现在开普勒三定律中。而要想对行星为何会遵循这些定律做出解释，尚须等待另一代人，等待牛顿的到来。

○理查德·沃森在他所著的笛卡儿传记中写道：“没有笛卡儿提出的将物质分解为基本元素进行分析的方法，我们就不会看到原子弹的问世。17 世纪现代科学的兴起、18 世纪的启蒙运动、19 世纪的工业革命、20 世纪的个人电脑以及 20 世纪对大脑的全盘解密——这一切都是笛卡儿的功劳。”

○科研规则无法教会我们如何做科研，亲身实践才是最好的老师。

○这本书原名为“解释世界”，确切地说，是“用物理科学解释世界”，更确切、更啰唆的说法是“用物理科学解释世界，主要以天体力学为例”。

○对科学发展的三个重要问题，作者认为是首创权、理论的微调、理论的简洁性。

（2018 年 2 月 18 日下午 6:00 阅毕）

物种起源

（[英]达尔文著，刘连景译，新世界出版社 2014 年版，40 万字）

△这本书主要讲述了生物变异、生存斗争、杂种性质、地质记录的不完整性、生物分布等内容。生物变异分为家养状态的变异和自然条件下的变异两种，而动物在进化变异的过程中会出现生存竞争，这里的竞争包括相同物种之间的竞争和不同物种之间的竞争，但同一物种之间的竞争更加激烈；不同物种或者不同变种之间进行交配会产下杂种，但不同物种间形成的杂种常常是不育的，而不同变种形成的杂种往往可育；生物都是从简单到复杂、从低级到高级慢慢发展起来的，这不是超自然力量干预的结果，而是自然界内部斗争的结果。全书共 15 章。

○达尔文（1809—1882），英国著名的生物学家，进化论的奠基人。《物种起源》这本书具有划时代的意义，书中提出了生物进化论学说，反对唯心神造论和物种不变论，使当时生物学各领域的概念和观念发生了巨大的变化。除了生物学之外，达尔文的理论对人类学、心理学、哲学等科学都产生了重要影响。

○列宁："达尔文推翻了认为动植物物种间毫无联系、系出偶然、由神所造、亘古不变的观点，通过论证物种的变异性和承续性，第一次将生物学奠定在完全科学的基础上。"

○自然界中处处存在着巧妙的适应关系。

○在自然状态下，成年的植株年年都会结籽，大多数的动物年年都会交配。所有的动植物都是按照几何级数增加，迅速向能够生存的地方扩散。

○自然界的斗争不是无间断的，我们不必忧心忡忡，死亡的来临常常是迅速的，而强壮、幸运的生物不仅能够存活下去，而且能够繁衍后代。

○大部分动植物会固守本土，一般不做没有必要的流动。

○自然选择是一个适者生存、不适者淘汰的过程。

○古代格言“自然界没有飞跃”。

○遗传这个因素可以让生物相似，也可以让变种相似。

（2018 年 4 月 15 日晚 11:10 阅毕）

基因传

（[美] 悉达多 · 穆克吉著，马向涛译，中信出版社 2018 年版，54 万字）

△全书共 6 个部分：①“遗传科学昙花一现”：遗传物质重见天日（1865—1935）；②“化零为整、化整为零”：揭秘遗传机制（1930—1970）；③“遗传学家的梦想”：基因测序与基因克隆（1970—2001）；④“人类是最适合的研究对象”：人类遗传学（1970—2005）；⑤镜中奇遇：遗传一致性与“常态”（2001—2015）；⑥后基因组时代：遗传学的命运与未来（2015— ）。

○“原子”的发现带来物理学革命，“字节”的发现带来互联网革命，“基因”的发现带来生物学革命。破解了基因的运行机制，也就破解了生命的奥秘，人类的病理、行为、性格、疾病、种族、身份、命运也就有了更新的答案。

○《基因传》完整地讲述了基因理论的起源、发展和未来，按照时间顺序和故事情节展开，是一部反映基因发展史的传记；也是一部科学家们在探究基因奥秘的过程中攻坚克难的故事集；也讲述了基因理论被政治歪曲利用导致的灾难和教训，以及基因技术与制度、文化、伦理、道德的冲撞和博弈。有精彩故事，有人性纠葛，有历史进退，是一部有温度、叙事高超的科普通识读物。

○人类共有 46 条染色体，其中 23 条来自父亲，另外 23 条来自母亲。基因组指的是某个有机体携带的全套遗传信息。人类基因大约包括 21000 至 23000 个基因，它们在人体生长发育、细胞修复以及功能维持方面起着决定作用。

○赫伯特 · 瓦尔特《遗传学》：“改良环境和教育功在当下，而改良的血统则利在千秋。”

○优生学的目标是加速选择主动适应与身体健康的对象，同时淘汰那些被动接受与体弱多病的同类。为了实现这个理想，高尔顿建议要选择性繁育身强体壮的后代。

○威廉·巴特勒·叶芝《1916年复活节》:“都在改变，彻底改变；并诞生出极致的美丽。”

○在薛定谔的脑海里，他仿佛已经预见到遗传物质DNA（脱氧核糖核酸）。

○罗伯特·海因莱因:“永远不要低估愚蠢的力量。”

○理查德·道金斯《自私的基因》,“天地伊始，万物从简”。

○悉尼·布伦纳:“对于所有心智成熟的科学家来说，私下场合有些异想天开的举动，我认为不足为奇。”

○威廉·莎士比亚,《恺撒大帝》第四幕第三场:“人生在世难免经历跌宕起伏，也许踏浪前行即可功成名就；倘若错失良机那么生命之旅将淹没在苍茫无尽的痛苦中。我们现在只能在苦海中漂浮。”

○郝伯特·博耶:“如果你知道问题所在，那么就已经理解了一半。”

○阿瑟·C.克拉克:“先进技术与神奇魔法有异曲同工之妙。”

○华莱士·史蒂文斯:“不完美才是我们的天堂。”

○1923年，遗传学家霍尔丹说过，只要人类掌握了控制基因的能力，那么“所有信仰、价值观以及制度都岌岌可危”。

○卡尔·波珀:“那些世间存在天堂的承诺只会令我们深陷地狱。”

○汤姆·斯托帕德《乌托邦彼岸》:“只有我们人类才想拥有未来。”

○在科学界有这样一句名言：最完美的理论也会被残酷的现实抹杀。而同样的名言在医学界有另外一番寓意：低劣的试验可以毁掉完美的方案。

○展望未来，基因治疗终将成为临床上可以信赖的治疗手段。但基因治疗要获得突破尚须经过艰苦努力，至少要等待10年的光景。

○威廉·巴特勒·叶芝《拜占庭》:“所有的人类都是错综复杂的个体。”

○乔治·丘奇:“反宿命论者认为DNA的重要性无足挂齿，但是每种人类疾病均源自DNA，而且（每种疾病）只能通过DNA才能治愈。”

○基因是遗传信息的基本单位，遗传密码具有通用性。虽然基因会影响形态、功能与命运，但是这些影响通常并非以一对一的形式发挥作用。基因变异会导致特征、形态与行为发生变化。当我们宣布找到某种决定人类特征或功能的基因时，其实只是出自对这种特征的狭义定义。通过绝对与抽象的概念来论证“先天”或“后天”完全没有意义。每一代人都会发生变异和突变，这是人类生物学中无法摆脱的现实。许多人类疾病都是基因引起或受到基因的强烈影响，其中就包括某些之前认为与饮食、暴露、环境以及概率有关的严重疾病。每种遗传“疾病”都是生物体基因组成环境之间错配的结果。在某些特殊情况下，由于遗传不亲和性问题极其严重，因此我们才能够合理使用遗传选择或定向遗传干预等非常手段。目前尚未见到基因或基因组对于化学和生物学操作产生遗传抗性的报道。目前为止，高外显率基因、极度痛苦与合理干预这三项限制条件依然制约着我们在人类中进行干预的尝试，历史通过基因组重演，基因组借助历史重现。

（2018 年 4 月 30 日下午 5:50 阅毕）

科学的历程（第二版）

（吴国盛著，北京大学出版社 2016 年版，95.6 万字）

△绪论、1—10 卷：①东方：古老文明的源头；②希腊：科学精神的起源；③中世纪：西方不亮东方亮；④ 16、17 世纪：近代科学的诞生；⑤ 18 世纪：技术革命与理性启蒙；⑥ 19 世纪：古典科学的全面发展；⑦ 19 世纪：科学的技术化、社会化；⑧ 20 世纪：探究宇宙与生命之谜；⑨ 20 世纪：高技术时代；⑩科学处在转折点上。

○科学一开始就有两个来源，首先是好奇心，以及获得一个整体世界观的内在要求。

○太古代距今 45 亿年；原生代距今 24 亿年；古生代：寒武纪（距今 5.7 亿年）、奥陶纪（5 亿年）、志留纪（4.4 亿年）、泥盆纪（4 亿年）、石炭纪（3.5 亿年）、二叠纪（2.85 亿年）；中生代：三叠纪（2.3 亿年）、侏罗纪（1.9 亿年）、白垩纪（1.37 亿年）；新生代：第三纪（6700 万年）、第四纪（250 万年）。

○西方第一个哲学家泰勒斯只留下一句话："万物源于水。"

○医学之父希波克拉底。

○中国独立发展的科技文明、农学、中医药学、天文学、数学、陶瓷技术、丝织技术、华夏建筑。

○有两个伟大的历史事件使 18 世纪成为一个光辉的世纪，它们是英国的产业革命和法国大革命。

○富兰克林：统一了天电和地电，破除了人们对雷电的迷信；发明了避雷针；提出了正电和负电的概念。

○控制论、信息论和系统论；耗散结构论、突变性和协同学。

○老子说："无为，则无不治。"庄子说："无为也，则用天下而有余；有为也，则为天下用而不足。"无为就是不违反自然的行为和活动。人类只有顺应自然，与自然适应、协作，则自然资源供人类使用绰绰有余，否则就将破坏人与自然的平衡关系。在决定全人类命运的时刻，中国哲人所教导的生活方式具有巨大的启发意义。

（2018 年 4 月 30 日夜 11:20 阅毕）

黑洞不是黑的·霍金BBC里斯讲演

（[英]史蒂芬·霍金著，吴忠超译，湖南科学技术出版社2017年版，3万字）

△一、黑洞不是黑的：霍金BBC里斯讲演：①黑洞没有毛吗？②黑洞并不像想象的那么黑；③黑洞上的软毛。二、附录：①黑洞极简史（吴忠超）；②阅读史蒂芬·霍金。

○英国广播公司一年一度的里斯讲演设立于1948年。初衷是为了纪念该公司第一任总裁约翰·里斯。当年的主讲是著名的哲学家罗素。从那以后，人类文明不同领域的领军人物纷纷出现在里斯讲演的讲堂，就文化、科学、宗教、政治等话题发表看法，并邀请听众共同讨论。2016年初霍金应邀两次去演讲，每次15分钟。

○霍金被尊为爱因斯坦后最杰出的理论物理学家之一。他是发展黑洞理论的主将，其黑洞视界面积不减定理和黑洞辐射理论的发现，以及对信息丢失问题的贡献，体现了自然的美丽和理性的伟大。

○智慧是随机应变的能力。

○某物越是混乱无序，它的熵越高，就需要越多的信息去描述它。正如物理学家兼广播员吉姆·阿尔－卡里里说的那样，一副彻底洗过的纸牌比没洗过的拥有更高的熵，因此要描述它就需要更多的解释，或者信息。

○霍金带领人们进行了一次科学旅行：从爱因斯坦的恒星不能坍缩的断言，到人们接受黑洞的确存在的这个事实，直至关于黑洞的这些怪异特征如何存在和作用的各种理论之间的冲撞。

○只有当一个理论经受了时间的检验，即实际上有确凿的证据证明其正确性后，诺贝尔物理学奖才会颁发给它的发现人。

○如果你觉得自己掉进一个黑洞里，永远不要放弃，总有办法能逃出来。

○科学界认为黑洞辐射是霍金最伟大的贡献，但他最自豪的却是量子宇宙学的无边界设想。如果将他的成就凝缩成两句话，那应该是：黑洞辐射贯通引力量子信息，无边界律呈现宇宙无中生有。

（2018 年 7 月 27 日夜 11:40 阅毕）

极简宇宙史

（［法］克里斯托弗·加尔法德著，童文煦译，上海三联书店2016年版，28万字）

△全书共 7 个部分：①宇宙；②理解外部空间；③快；④跃入量子世界；⑤到达空间与时间的源头；⑥意料之外的谜团；⑦迈向已知世界之外的第一步。

○万物奇妙，万事出乎意料。

○作者系剑桥大学理论物理学博士，霍金的亲传弟子，将妙趣横生的宇宙重归于简洁与诗意。

○如果人类能够以某种方式收获太阳在一秒钟内辐射出的所有能量，它足以满足我们全世界五亿年的能量需求。

○科学家们通过估算太阳内核中氢原子的含量来推测这次爆炸将会发生的时间，计算结果是：太阳的爆炸将发生在五十亿年后的某个星期四，前后误差各三天。

○史蒂芬·霍金常说："我不会拿发现的快感与性快感比较，但它持续得更长。"

○爱因斯坦那个将物质与宇宙的局部几何联系起来并用以解释引力本质的理论，被称为广义相对论。

○科学不是政治。大自然不会在意某些人的意见，即便它们是大多数的意见，实验证据永远是必需的。

○速度改变一切，甚至空间和时间。

○在我们这个世界，所有一切都是物质与光的游戏。物质与光可以也的确在互相转化。

○夸克和胶子，它们构成了我们宇宙中所有的质子。

○空间。时间。时空。关于它们，还有什么可以发现？还有什么你尚未见过？粒子。作用力携带者。场。引力。

○所有的问题就是：我们如何才能让量子效应出现在我们人类生活的

尺度上，这样我们对它们进行观测时，就能亲眼看到塌缩——如果这种塌缩真的存在的话。这可能吗？如果我们能够看到这样的量子效应，我们预期将看到什么？

〇人类在试图揭示自然规律的道路上已经走了几千年。

（2018 年 9 月 16 日晚阅毕）

人类生物学十五讲（第二版）

（名家通识讲座书系之一，陈守良、葛明德编著，北京大学出版社 2007 年版，43.8 万字）

△共 15 讲：①人是什么？②民以食为天；③人是水做的：体液、血液与血液循环；④生命活动需要能量；⑤维持人体内环境的稳定；⑥怎样感知内外环境的变化；⑦神经系统调节全身的活动；⑧人类怎样对抗病原体的侵害；⑨人类的性；⑩人类的妊娠、生长与发育、老化；⑪人类遗传；⑫进化机理；⑬灵长类的进化；⑭南方古猿、能人和直立人；⑮向现代人转变。

○动物界分为若干个门，如多孔动物门、刺胞动物门、扁形动物门、轮虫动物门、线虫动物门、软体动物门、环节动物门、节肢动物门、棘皮动物门、脊索动物门等。人类属于脊索动物门，脊索动物门有三个共同特点：脊索、背神经管、鳃裂。脊索动物门分为三个亚门，即尾索动物亚门、头索动物亚门和脊椎动物亚门。

○人类的一切创造性活动都是大脑指挥双手来完成的。没有大脑便不会有创造性，没有双手也不可能实现任何创造。人类的文明是手脑并用的结果。

○我们必需的营养素有水、糖、蛋白质、脂质、维生素和矿物质六类。

○《中国居民膳食指南》10 条建议（2008 年 1 月）：①食物多样，谷类为主，粗细搭配；②多吃蔬菜、水果和薯类；③每天吃奶类、大豆或其制品；④常吃适量的鱼、禽、蛋和瘦肉；⑤减少烹调油用量，吃清淡少盐的膳食；⑥食不过量，天天运动，保持健康体重；⑦三餐分配要合理，零食要适当；⑧每天足量饮水，合理选择饮料；⑨如饮酒应限量；⑩吃新鲜卫生的食物。

○生命活动需要能量。人的生命活动所需的能量都是通过营养素中的能源物质在细胞内氧化取得的。

○生命的个体虽必然要死亡，但种族的生命却可以延续下去。这便要依靠生物的生殖机能，产生新一代的个体。

○孟德尔（1822—1884）是现代遗传学的奠基人，分离律、自由组合律。达尔文是进化论的主要创立者。

○灵长类，南方古猿，能人和直立人，现代人。

（2018 年 10 月 10 日夜 11:15 阅毕）

经济如何塑造科学

（［美］保拉·斯蒂芬著，刘细文译，北京大学出版社 2016 年版，37.7 万字）

△共 10 章：①经济学与科学有什么关系；②科学难题与优先权；③金钱；④科研生产：人员与合作形式；⑤科研生产：设备和材料；⑥科研资助；⑦科学家和工程师劳动力市场；⑧海外人员；⑨科学与经济增长的关系；⑩可以更佳吗？

○当代科学技术发展的一个重要特征，就是国家广泛而深入地参与，推动科学技术走向规模化，支持成果实现产业化。科学技术政策作为国家重要的公共政策的一部分，是科学技术飞速发展的助推器，它包括两个方面的重要内容：一是以发展科学技术本身为目标的政策；二是以科学技术为基础支持相关领域发展（如医疗卫生、环境保护、网络社会、国土安全、产业结构转型等）的政策。

○知识具有经济学中所讲的公共产品属性，它是非排他性和非竞争性的。

○坚持可以转变为长时间的工作。根据 NSF 调查，从事学术研究的科学家和工程师每周花在学术研究上的时间达 52.6 小时。许多科学家的工作时间更长，标准偏差是 9.1，每周最长工作时间是 96 小时。工作时间长的一个原因是，科学研究不仅仅是工作，科学家从科研中还获得了满足感。但是，长工作时间反映了保持竞争力和科研竞赛的需要，这也是成功与失败的分界。

○斯坦福大学每年收到大约 7.56 亿美元的项目经费，弗吉尼亚大学大约是 3.06 亿美元，西北大学大约是 4.28 亿美元。2009 年，美国大学在科学研究上投入了近 550 亿美元。

○美国将其 GDP 的 0.3% ~ 0.4% 用于大学和医学院的科研。这意味着，2009 年有近 550 亿研究经费，即美国每个男人、女人、孩子都会得到 170 美元。其中，300 多亿美元来自联邦政府，其中 2/3 用于生命科学的研究，尤其是生物医学。

○这本书揭示了现代科学工作背后的经济学逻辑，探讨了经济与科学的关系，也讨论了科学对经济的影响，特别是对经济增长的影响。并以美国作为研究背景，分析了科研人员和研究机构竞争科研资源的成本和效益，分析了大学如何降低学校运行风险。

（2018 年 10 月 13 日晚阅毕）

科学简史：从亚里士多德到费曼

（[德]恩斯特·彼得·费舍尔著，陈恒安译，浙江人民出版社2018年版，31.1万字）

△共10章：①古代的开端；②第一波革命；③现代欧洲四杰：培根、伽利略、开普勒、笛卡儿；④最后的魔法师：牛顿——爱好炼金术的革命者；⑤现代经典；⑥维多利亚天才；⑦来自旧大陆；⑧三位女士；⑨两位巨人；⑩美国人与移民。

○恩斯特·彼得·费舍尔是德国著名科学史学者、畅销科普作家，还著有《人类健全理智的批判》《比知识更重要的是想象力》。

○“自然科学的历史才是人类真正的历史。”

○亚里士多德可称得上是我们理性世界的“最终推动者”，他提出的概念与流传下来的著作直到如今还是西方科学的源泉。

○哥白尼：人的天职在于勇于探索真理。

○黑格尔：培根真正关心的是现实，而不是理论。

○霍金：自然科学的诞生要归功于伽利略。

○我的灵魂曾横越天际，此刻要测量地球的深度；若我的灵魂属于天空，尘世的躯体则在此安息。——开普勒为自己写的墓志铭。

○笛卡儿：我思故我在。

○开普勒是第一位三位一体说的辩护人。

○笛卡儿是严守饮食规律的形而上学者。

○自然及其法则隐藏于黑暗中，上帝说，让牛顿去吧，世界灿然明朗。——诗人蒲柏。

○砍下他的脑袋只需一秒钟，但是要再长出这样的脑袋也许还要几百年。——拉瓦锡死后，拉格朗日惋惜道。

○我一生最大的发现，是发现了法拉第。——英国皇家学会会长汉弗里·戴维爵士。

○我认为《物种起源》这本书的格调是再好不过的，它可以感动那些对这个问题一无所知的人们。对于达尔文的理论，我准备即便赴汤蹈火也要支持。——英国博物学家赫胥黎。

○现代经典。拉瓦锡（1743—1794年）；法拉第（1791—1867年）；达尔文（1809—1882年）。

○法拉第是一名谦虚的书籍装订工。

○达尔文是一名有宿疾的自然科学家。

○来自旧大陆：亥姆霍兹（1821—1894年）；孟德尔（1822—1884年）；玻尔兹曼（1844—1916年）。

○孟德尔，花园中的物理教师。

○玻尔兹曼，为“熵”而战。

○三位女士：居里夫人（1867—1934年）；迈特纳（1878—1968年）；麦克林托克（1902—1992年）。

○两位巨人：爱因斯坦（1879—1955年）；玻尔（1885—1962年）。

○爱因斯坦：从前人们相信，即使世界上所有事物都消失无踪，还会有空间和时间留存下来，根据相对论，时间和空间会伴随着事物的消逝而消逝。

○冯·诺依曼：“若人们不相信数学简单，只因他们未意识到生命之复杂。”

○弗曼：“当世界变得更复杂时，它也就变得更有趣了。”

○鲍林：我保持活力最大的秘密就是学习，拥有发现新事物的兴趣，我有目标地寻找那些结果会让我伤透脑筋的工作。

（2018年10月22日晚阅毕）

牛顿的苹果：关于科学的神话

（[美]罗纳德·纳伯斯、科斯塔·卡波拉契主编，中信出版社2018年版）

△共4部分：①中世纪和近代早期科学；②19世纪；③20世纪；④关于科学理论。

○《牛顿的苹果》尝试揭开与现代科学的先驱，科学的构建以及推动科学前进的一流科学家相关的重重迷雾。

○短小精悍、发人深省的文章结集。

○一个苹果掉到牛顿的头上，从而引出了万有引力定律以及随之而来的科学革命。这本书的两位编者五年内邀请了26位来自生物学史、医学史、化学史、地质学史、科学和宗教关系史等多个领域的专家就自己所擅长的专题而写一篇文章，时间跨度从古希腊、中世纪到现代科学神话，挑战从古希腊到20世纪若干“科学迷思”普遍流行的成见，比如中世纪没有科学，哥白尼以前人们普遍相信地平说，伽利略挑战亚里士多德的运动学说，华莱士和达尔文对进化论解释相同等。

○在通往科学成就的路上，聪明和勤奋是必要的，可是，这不能代表一切。比如作者及其助手的付出，或者是好运气。

○理查德·卡里尔《基督教不对现代科学负责》：“假如没有基督教中断知识的进步，让科学进程停滞一千年，也许科技革命在一千年前就已经发生了，而今天的科技水平可能要先进一千年。”

○大学至1500年已约60所。

○在哥伦布以前，地理学家等知识分子以为地球是平的。

○弗洛伊德智慧地表示，一切伟大的科学家都具备两个显著特点：现实的智化；将人类从傲慢主宰的塔尖上降成大自然进程中的特定附属，不管这个结果显得多有趣、多么不同寻常。他认定，至关重要的科学革命有两次：哥白尼把地球从核心位置赶到边边角角；达尔文把人类从神的化身“降级”成了“动物的后代”。

○乔治·萨顿《科学史》：占星术这种鬼话给西方世界带来很大伤害，现在仍然在荼毒着意志力薄弱的人。

○毋庸置疑，炼金术士积累起来的知识和经验奠定了现代化学的基础。

○苹果落地让牛顿发现了万有引力定律，也抹去了上帝在宇宙中的存在。

○维勒在 1828 年合成尿素，粉碎了活力论，有机化学从此诞生。

○事实上，在达尔文以前，无论是在哲学界还是自然科学界，认为世界是经过设计的观点很平常。

○地质学是一门历史的科学，作为这样一门学科，它多侧重于准确、详细地记载过去。

○达尔文秘密研究进化论二十多年，各种担忧是他迟迟没有发表该理论的主因。

○达尔文的自然选择学说从来都是“不二之选”。

○巴斯德从科学客观性的角度推翻了自然发生说。

○孟德尔通过豌豆育种实验，揭示了遗传学三项定律，以描述遗传性状的传递。

○社会达尔文主义对社会思想及社会政策的影响深远，尤其是在美国。（它被拿来合理化种族主义、殖民主义和社会阶层化。）

○苏联人造地球卫星的发射，引发了美国科教改革的风潮。

○科学事业大多是孤独的。

○维基百科，“科学方法”：科学方法是执行科学的程序。

（2018 年 12 月 23 日晚上阅毕）

自私的基因

（[英]理查德·道金斯著，卢允中等译，中信出版社 2012 年版，34 万字）

△共 13 章：①为什么会有人呢；②复制基因；③不朽的双螺旋；④基因机器；⑤进犯行为：稳定性和自私的机器；⑥基因种族；⑦计划生育；⑧代际之战；⑨两性战争；⑩你为我搔痒，我就骑在你的头上；⑪觅母：新的复制基因；⑫好人终有好报；⑬基因的延伸。

○任何生物，包括我们自己，都只是基因的生存工具。

○道金斯在《自私的基因》中提出：我们生来是自私的。

○稳定者生存。宇宙为稳定的物质所占据。

○我们是生存机器，但这里“我们”并不单指人，它包括一切动物、植物、细菌和病毒。

○昆虫，现存的物种大约有 300 万种，而个体昆虫可能有 100 亿只。

○在我们的脑袋里大约有 100 亿个神经元。从根本上说，神经元不过是一种细胞。

○预测未来的一个最有趣的方法是模拟。

○动物之所以要聚居在一起，肯定是因为它们的基因从群居生活的交往中得到的好处多，而为之付出的代价少。

○盲目信仰的人什么事都干得出。

○无论在宇宙中哪一个地方，生命出现唯一需要的，只有不朽的复制因子。

○本书的论点是，我们以及其他一切动物都是我们自己的基因所创造的机器……

○进化是偶然、无目的的，基因是冷酷和自私的。

○利他和利己行为的概念，遗传学上的自私的定义，进犯行为的进化，亲族学说、性比率学说；相互利他主义，欺骗行为和性差别的自然选择。

（2018 年 12 月 28 日晚上阅毕）

平行宇宙（新版）

（[美]加来道雄著，伍义生、包新周译，重庆出版社2008年版，33万字）

△共3部分（12章）：宇宙；多元宇宙；遁入超空间。

○讲述了现代物理学得出的一种最令人难以置信、最激动人心的可能性，即可能存在着广阔无垠的宇宙之网，里面排列着许多宇宙，也是无穷多个宇宙，而我们这一宇宙只不过是其中之一。

○宇宙学是研究宇宙整体的科学，包括宇宙的诞生和它的最终命运。

○莎士比亚在戏剧《皆大欢喜》中写下一段不朽的话：整个世界是一个舞台，所有的男人和女人只是演员，他们都将进场和退场。

○宇宙从无到有。古斯说："宇宙可以是一顿免费的午餐。"

○马丁·里斯爵士说："在每个黑洞的内部发生的坍缩可能播下新的膨胀宇宙的种子。"卡尔萨根说："黑洞可能是通往其他宇宙的孔。"

○宇宙的五个阶段：①原始时期（–50至5之间，或10～50至105秒之间）；②群星遍布时期（6至14之间，或106至1014秒之间）；③退化时期（15至39之间，或1015至1039秒之间）；④黑洞时期（40至100之间，或1040至10100秒之间）；⑤黑暗时期（超过101，或超过10101秒）。

○阿瑟·G.克拉克："任何足够先进的技术都与魔法无异。"

○伽利略在受审期间所复述的巴罗民乌斯红衣主教的话："《圣经》告诉我们的，是如何生活才能去天堂，而不是天堂如何生活。"

（2018年12月29日晨阅毕）

物理世界奇遇记

（[美]伽莫夫、[英]斯坦纳德著，吴伯泽译，科学出版社2008年版，33.8万字）

△共17个部分：①城市速度极限；②教授那篇使汤普金斯先生进入梦境的相对论演讲；③汤普金斯先生请了个疗养假；④教授那篇关于弯曲空间的演讲稿；⑤汤普金斯先生访问一个封闭宇宙；⑥宇宙之歌；⑦黑洞、热寂和喷灯；⑧量子台球；⑨量子丛林；⑩麦克斯韦的妖精；⑪快乐的电子部族；⑪1/2上一次演讲中汤普金斯先生因为睡着而没有听到的那部分；⑫在原子核内部；⑬老木雕匠；⑭虚空中的空穴；⑮参观“原子粉碎机”；⑯教授的最后一篇演讲；⑰尾声。

○汤普金斯先生名字的三个首写字母出自三个基本物理常数：光速C，万有引力常数G和量子常数（即普朗克常数）H。

○爱因斯坦（1879—1955），美国物理学家，他在物理学许多方面都有巨大贡献，其中最重要的是他在总结大量实验的基础上，建立了狭义相对论，并在这个基础上进一步创立广义相对论，否定了过去认为时间与空间互不相关的概念。

○牛顿（1642—1727），英国物理学家和数学家，古典物理学的奠基者。他的《原理》一书的全名为《自然哲学的数学原理》。

○欧几里得（约公元前330—前275），古希腊数学家，几何学的奠基者。他所研究的几何学是平面几何。

○加速器，一种利用电场对带电粒子进行加速的机器。

○原子，有一个原子核，其周围围绕着电子云。

○黑洞，由万有引力产生的一个物质高度凝聚的区域，其引力强度极高，以致就连光线也无法从这个区域逃逸出去。

○暗物质，通常是指宇宙中那些不发光的物质。通过对星系和星系团的运动进行研究，就可以推断出这种物质的存在。

○熵，热力学中用来衡量粒子系统的无序度的一种性质。

〇质子，组成原子核的带正电粒子，它本身由三个夸克组成。

〇量子，这种粒子或者是物质的基本组成部分（如夸克和轻子）之一，或者是负责传递作用力的中介粒子（如胶子和光子）。

〇量子数，基本粒子所具有的性质，如重子数和轻子数，等等。在粒子间发生反应时，量子数一般应该守恒。

〇量子理论，我们现代认识任何非常小的物体（同原子一般大或小）的行为所创立的理论，有时也称为量子力学或波动力学。它表明在描述辐射时，需要把波的行为和粒子的行为结合起来使用：当辐射从一个地方向另一个地方运动时，要用波的行为来描述它，而当辐射与物质相互作用，并交换能量和动量时，则要用粒子的行为去描述它。

〇夸克，所有各种强子的基本组成部分，夸克有 6 种，或者说有 6 种味，它们成对地分成 3 个代。

〇 20 世纪科普经典。

（2018 年 12 月 31 日晚上阅毕）

基因组：人种自传 23 章

（[英] 里德利著，刘菁译，北京理工大学出版社 2003 年版，30 万字）

△是人类历史的记载，也是建造和使用我们身体的说明书。

○人类基因组——一套完全的人类基因——包装在 23 对独立的染色体里。

○王尔德《不可儿戏》：所有的女人都会变得和她们的母亲一样，这是她们的悲剧；没有一个男人会变得和他们的母亲一样，这是他们的悲剧。

○基因工程的发明者之一保罗·伯格："所有的疾病都是遗传病。"

○托马斯·杰斐逊："我不知道有比人民本身更为安全的社会力量的保管处，如果我们认为他们所受的启蒙不足以使他们以健康的判断力来行使他们的控制权，补偿的办法不是把权力从他们那里拿走，而是为他们作判断提供信息。"

○优化人种历史的很多现代版本都把它表达成是一个科学，尤其是遗传学，不受控制会有多么危险的例子，其实它更多的是一个政府不受控制会有多么危险的例子。

○整个的人类本性，事先建立在我们的基因组里，具有灵活性，又是每个人所特有的。每一个人都有一个独特的与众不同的内在本性，这就是"自我"。

○我们生活在三个世界：一个是令人敬畏、广袤无垠的宇宙世界；一个是充满神秘感、细小而微的无形世界。在这两个世界之间的，便是我们所熟悉的充塞着情欲与苦乐的纷纷扰扰的人间世界。

○组成人类基因组的 23 对染色体的图谱绘制是重大的科学发现。

（2019 年 1 月 2 日晚上阅毕）

信息简史

（[美]格雷克著，高博译，人民邮电出版社 2013 年版，45 万字）

△共 15 章。克劳德·香农的信息论不仅催生了信息革命，也深刻地改变了众多其他学科的面貌。借助信息的视角，人们看待过去（文字、词典、电报、电话等的发明），现在（信息时代）以及未来（信息泛滥、信息过载）的方式将大不相同。这本书，带来一段人类与信息遭遇的波澜壮阔的历史，告诉我们如何在信息时代的信息爆炸中生存。

〇处于所有生物核心的不是火、不是热气，也不是所谓的“生命火花”，而是信息、字词以及指令……如果你想了解生命，就别去研究那些生机勃勃、动来动去的原生质了，从信息技术的角度想想吧。

〇乔恩·巴怀特（1986 年）：建立一套有关信息及其处理的理论，有点儿像建造一条横贯大陆的铁路。你可以从东海岸出发，先试着理解信息是如何处理的，然后向西迈进。或者你也可以从西海岸出发，先试着理解信息到底是什么，然后向东深入。我们希望的是，两条铁轨能在中间会合。

〇信息是物理的。塞思·劳埃德（2006 年）：能量越多，比特翻转得越快。土、气、火、水，归根结底，都是由能量构成的，但其不同形态却由信息决定。无论做任何事都需要能量，而要明确说明做什么也需要信息。

〇宇宙在不断地计算自己的命运。

〇会说话的鼓（似是而非的编码）；持久的文字（心智中并无词典）；两本词典（我们文字的不确定性以及我们拼写的随意性）；将思想的力量注入齿轮机械；地球的神经系统；新电线，新逻辑；信息论；信息转向（形成心智的基本要素）；熵及其妖；生命的编码；跃入模因池；认识随机性；信息是物理的；洪流过后；每天都有新消息。

〇这是一个关于这个世界上最重要的构成元素的故事。

（2019 年 2 月 11 日夜 11:35 阅毕）

猜想与反驳：科学知识的增长

（［英］卡尔·波普尔著，傅季重等译，上海译文出版社 2005 年版，42.4 万字）

△这本书围绕知识通过猜想与反驳，不断清除错误而增长这一主题展开论述，广泛涉猎知识论、真理论以及自然科学史和社会科学史等领域，包含着许多值得探讨的见解。

○爱因斯坦："任何……理论最好不过的命运是，指明通往一个更加广阔的理论的途径，而它则作为一个极限情形在后一理论中继续存在下去。"

○语言功能：表达或表示的功能；刺激或信号的功能；描述功能。

○黑格尔的同一哲学"凡是合理的就是现实的，凡是现实的就是合理的，因而理性和现实是同一的"，无疑是一种在新的基础上重建理性主义的尝试。

○人类知识的三种观点：终极的对本质的解释；理论是工具；猜想、真理和实在。

○这本书所构成的文章和演讲各不同，但都论及一个十分简单的论题，即我们能够从我们的错误中学习。它们形成了一个关于知识及其增长的理论。这是一个理性的理论，它规定理性论证的适度的但却重要的作用，即批判我们在尝试解决问题时常犯的错误。它还是一个经验的理论，规定我们观察的同样适度和几乎同样重要的作用即检验，通过检验可能有助于我们发现自己的错误。虽然这个理论强调了我们的易错性，但它并不屈从于怀疑论，因为它也强调了知识能够增长、科学能够进步的事实，而这正是因为我们能够从我们的错误中学习。

○对一个理论的反驳：即对问题的任何认真的尝试性解决的反驳，始终是使我们接近真理的前进的一步。

○卡尔·波普尔（1902—1994）是当代西方最著名的科学哲学和社会哲学家之一。他继承爱因斯坦的批判精神和康德的唯理主义思想，形成"批判理性主义哲学"，建立同逻辑实证主义相对的科学知识观，提出反归纳主义和伪证主义的知识理论。主要著作:《开放社会及其敌人》《历史决定的贫困》《科学发现的逻辑》《客观知识》等。

(2019年2月18日中午阅毕)

生命的跃升：40 亿年演化史上的十大发明

（[英] 莱恩著，张博然译，科学出版社 2016 年版，26 万字）

△共 10 章：①生命的起源：来自旋转地球；② DNA：生命的编码；③光合作用：太阳的召唤；④复杂的细胞：决定命运的相逢；⑤性：地球上最大的彩票机构；⑥运动：力量和荣耀；⑦视觉：来自盲人之地；⑧热血：打破能量壁障；⑨意识：人类心智的根基；⑩死亡：不朽的代价。

○演化如何为生命带来至关重要因素的生动图景。

○一位并不怯于思考大问题、深入思考问题的作者。

○这本书讲的是演化的最伟大发明，讲的是每一次变革如何改变生命世界，以及我们人类怎样学会读懂这些历史：用到精巧机智足可媲美自然之力。

○四个标准：①这一发明必须对生命、世界以及对行星整体造成革命性的变化；②它必须直到今天依然有着无可比拟的重要意义；③每一个创新都是通过自然选择演化的直接结果，而不是譬如说文化变迁的后果；④这种文明必须在某种意义上是标志性的。

○没有氧气，就不会有大型动物或植物，不会有捕食者，不会有蓝天，可能也没有海洋，只有尘埃和细菌。

○有个故事说一位漂亮的女演员在一场宴会上向萧伯纳求婚，她说："我们应当生个孩子，这样就会让我的容貌和你的头脑融为一体。"萧伯纳却回答说："可要是孩子有我的容貌和你的头脑，那该怎么办？"这一点确实给萧伯纳说中了："性"是我们所知道的最奇怪的成功基因随机生成器。

○运动的诞生有可能不仅是永久改变了生态系统的复杂性；它甚至可能帮助改变了我们行星的整个面貌，从细菌主导的简单世界，变成今天我们看到的活力四射、充满奇迹的世界。

○衰老是可以预防的。

○我们的大脑是不可替换的，当神经元死去，通常而言没有库存干细胞来顶上；而就算有一天我们成功地制造出神经元干细胞预备队，在交易过程中我们也必然丢失掉我们的个人体验。因此，不朽的代价是我们的人性。

○它描述了演化史的十大发明，并将每一项发明：从DNA到性，从热血到意识，最终是死亡——的故事娓娓道来：它们如何改变了生命，许多时候甚至是改变了地球本身。

（2019年2月21日晚阅毕）

分子

（[英] 菲利浦·鲍尔著，刘熙译，译林出版社 2017 年版，21.5 印张）

△共 7 章：①无形世界的工程师：制造分子；②生命的征象：生物分子；③承载压力：由分子而来的材料；④燃烧：分子与能量；⑤运动的精灵：分子马达；⑥传递信息：分子通信；⑦化学计算机：分子信息。这本书告诉人们什么是分子、分子有什么用途、能做什么、分子科学向什么方向发展，等等。牛津通识读本之一。

○分子是保持物质化学性质的最小微粒，由原子、分子构成的物质世界多姿多彩、活力无限。“分子”不仅是“化学”的代名词，也是材料、生命等诸多领域的研究对象和诸多功能的执行单元。

○蛛丝是目前已知的强度最高的纤维状材料之一。

○地球大气之所以富含氧气，靠的是植物的功劳。光合作用是生物利用光的能量来制造分子，而氧气就是光合作用的副产品。

○基因组的确是一部分子形式的指导手册。

○一个活细胞的内部运行就像一座城市，其中布满分子居民，它们移动、交流、合作、竞争。在这本书中，菲利浦·鲍尔深入探究了分子结构和分子活动如何决定着世界的特性和生命的过程，显示了我们身体内部的分子和周围世界的分子发挥着怎样的作用。比如，一个小小的受精卵如何成长为多细胞的音乐家莫扎特，蛛丝在晨露中为何不会溶解。作者还考察了我们对分子的认识和合成如何开启了一些激动人心的新领域，使分子机器以及体积微小但功能强大的分子计算机的开发进入日程。

（2019 年 3 月 11 日下午阅毕）

给忙碌者的天体物理学

（[美]尼尔·德格拉斯·泰森著，孙正凡译，北京联合出版公司 2018 年版，12 万字）

△ 12 部分：①有史以来最伟大的故事；②在地如在天；③要有光；④在星系之间；⑤暗物质；⑥暗能量；⑦元素周期表里的宇宙；⑧关于球形这回事；⑨不可见光；⑩在行星之间；⑪另一个地球；⑫基于宇宙视角的反思。

○一种比其他所有力量都要大的力量，一个一切问题的源头，一个原动力。

○大爆炸之后，宇宙的主要议程是膨胀，原本在空间中集聚的能量被不断稀释。

○《哈姆雷特》第一幕第五场：那么你还是用见怪不怪的态度对待它吧。霍拉旭，天地之间有许多事情，是你们的哲学所没有梦想到的呢。

○蓝色，是地球最重要的特征。水覆盖着地球表面 2/3 还多；仅太平洋就占据了地球的一半。任何能探测出地球颜色的外星人，肯定会推断出水的存在，它是宇宙中第三丰富的分子。

○詹姆斯·弗格森（1710—1776），英国天文学家。他说过："在人类创建的所有学科中，天文学被公认是而且无疑是最崇高、最有趣、最有用的。因为，通过这门科学所获得的知识，不仅地球之大部分被发现……而且我们的能力随着它传达的思想的宏大而扩展，我们的心灵因为超越了低级狭隘的偏见而得到升华。"

○这种毫无道理的自大，首先源于对所谓意义的幻想，另一方面"人是万物之灵长，宇宙之精华"的文化假设也助长了这种自负。

○将时间、空间、现实等宏大问题"大题小做"，提炼为精悍的短章。

（2019 年 3 月 12 日晚上阅毕）

大众天文学（上下册）

（[法] C. 弗拉马里翁著，李珩、李元校译，北京大学出版社2013年版，100万字）

△上册4篇：①地球；②月亮；③太阳；④行星世界。下册3篇：⑤彗星、流星与陨星；⑥恒星宇宙；⑦天文仪器。

○这是一部世界名著，由法国天文学家、世界著名的科普作家卡米伊·弗拉马里翁创作，1880年在法国出版，成为传遍全球、轰动一时的科普读物。

○弗拉马里翁，1842年2月26日生于法国上马恩省的蒙蒂尼勒鲁瓦，1925年6月3日卒于法国奥尔热河畔瑞维西。

○七天的命名，是根据古人所知的运动的星辰：日、月、火、水、木、金、土七星。

○地球的面积为5.1亿平方千米，其中3.57亿平方千米是海洋，其余1.53亿平方千米或者说1/3是陆地，但这里面还有一部分是不适宜居住的。

○太阳是光明、热量、运动、生命的来源，给人们以庄严美丽的印象。它是光和生命的源泉，善良的象征，黑夜和恐怖的永远征服者。

○宇宙是无限的，它没有边界，没有始终。我们现今虽然只能认识宇宙的有限部分，然而随着科学技术的进展，人类将会逐步地无限地认识宇宙。

○根据对放射性元素的计算，地球的年龄约为46亿年至47亿年。根据地质学的研究，只在20亿年至25亿年前才有生物出现在地球上，所以地球上没有生命的年月占去其一半的时间。

○构成生物组织的细胞有三种主要物质：碳水化合物、脂肪核酸与蛋白质。

（2019年6月23日下午阅毕）

不可能的物理

（[美]加来道雄著，晓颖译，上海科学技术文献出版社 2016 年版，23.4 万字）

△共 3 章：1. 一等不可能：①力场；②隐形；③光炮与死星；④隐形传送；⑤心灵感应；⑥意志力；⑦机器人；⑧外星人和 UFO；⑨恒星飞船；⑩反物质和反宇宙。2. 二等不可能：⑪比光更快；⑫时间旅行；⑬平行宇宙。3. 三等不可能：⑭永动机；⑮预知不可能事物的未来。

○我们忽略“不可能的事物”会给自己带来危险。对“不可能”事物的研究可能也改变了世界的历史进程。

○做出预测总是得冒很大风险，特别是对未来数百甚至数千年的预测。

○亚瑟·C. 克拉克的三大定律：①当一位杰出但上年纪的科学家断言某件事是可能的，那他几乎肯定是正确的。当他断言某件事是不可能的，那他非常有可能是错的。②要发现“可能”的极限，唯有稍稍突破界限进入“不可能”的领域中去。③任何足够高深的科技看起来都与魔法无异。

○主宰宇宙的四种力：万有引力、电磁力（EM）、弱核力与强核力。

○马克·吐温：当你的想象力模糊不清时，你不能信赖自己的双眼。

○气体激光、化学激光、准分子激光、固态激光、半导体激光、干激光。

○心灵感应。约翰·惠勒：“如果你在一天中没有发现任何奇怪的事情，那这就不是一个好日子。”埃舍尔：“只有那些努力尝试荒唐事物的人才能实现不可能的成就。”

○“常识”：水是湿的。母亲比女儿年长。动物不喜欢疼痛。你死后不会复生。绳子只可以拉，不可以推。棍子只可以推，不可以拉。时间不会倒流。

○亚瑟·C. 克拉克：“要么我们就是孤独存在于宇宙中，要么我们就不是。哪个都让人害怕。”

○伍迪·艾伦：“比光速移动得更快是不可能的，当然这样也不可取，因为你的帽子老是会被吹掉。”

〇哈登认为，理论被接受要经历四个阶段：①这是没用的废话；②这很有趣，但是不合理；③这是真的，但无足轻重；④我一直都这么说。

〇光学和电磁学将如何使我们有朝一日可以将光线围绕一个物体弯折，就像溪流绕过河中的大圆石那样，使该物体对于身处“下游”的观察者来说不可见。

〇从隐形传递到心灵念力，加来道雄运用科幻的视角研究人们当今所知的物理定律的基本原理和极限。

（2019 年 6 月 27 日晨阅毕）

思维简史：从丛林到宇宙

（[美]伦纳德·蒙洛迪诺著，龚瑞译，中信出版社2018年版，35万字）

△3部分（12节）：1.直立的思想家：①我们求知的动力；②好奇心；③文化；④文明；⑤推理。2.科学：⑥新的推理方式；⑦力学宇宙；⑧物质的构成；⑨生命世界。3.超越感官：⑩人类体验的极限；⑪看不见的王国；⑫量子革命。

○这本书讲的是人类历史中最厉害的科学家的冒险故事。从第一次使用石器工具到量子物理，蒙洛迪诺回顾了西方科学史的精彩历程。从古埃及文明到美索不达米亚的奇妙算法，从毕达哥拉斯到亚里士多德，从伽利略、牛顿到爱因斯坦，他历数了科学发现史的关键节点，让人们超越日常感官来看这个宏大的世界。

○脱离日常生活，才是科学。

○爱因斯坦《我的世界观》：神秘感是一个人所能经历的最美好、最深刻的体验。它既是宗教的基本原理，也是所有艺术和科学的基本原理。在我看来，一个不曾有此体验的人，如果不是死了，至少也是瞎了。

○人类之所以高贵，是因为有求知的动力。

○在20世纪50年代，艾萨克·阿西莫夫，这个最伟大、最有创新能力的科幻小说作家写出了基地三部曲，这部系列小说描绘了未来数千年的故事。

○科学是现代技术之魂、现代文明之根。

○权威意味着权力，但为了使权力有效，统治者必须收集数据。

○科学家无法在真空中生存。即便是最伟大的科学家，也需要和相同领域的其他科学家进行互动来获益。

○每一个伟大发现和创新都源自人类洞察力和幸福环境的结合。

○未来人类思想将如何发展？

（2019年7月17日晚上阅毕）

世界观：现代人必须要懂的科学哲学和科学史

（［美］理查德·德威特著，孙天译，机械工业出版社2019年版，31印张）

△3部分（29章）：①基础命题；②从亚里士多德世界观到牛顿世界观的转变；③科学及世界观的新近发展。

○这本书介绍了科学哲学和科学史的根本问题，如什么是真理、哲学性/概念性事实等，涵盖了科学史上对世界观产生冲击的历史事件和哲学主题。科学带给我们的不仅是知识，更是一套新的认知体系，如从亚里士多德世界观到牛顿世界观的跃进。这本书还探讨了近代科学发展，特别是相对论、量子力学和演化论等理论给世界观带来的冲击和挑战。

○纵论西方科学两千年，探索科学的起源和思维的本质。了解关于科学的历史和哲理。构建正确的世界观。

○科学的目标是创造出真的理论，并用来描述相当直接、明确的事实。

○围绕演化的发现给我们带来的巨大的改变。然而，就像达尔文所指出的，“生命如是之观，何等壮丽恢宏”。

○狭义相对论。广义相对论。量子理论。

○先哲们因哲学的、科学的工具而改变了人类的“观”，人类又因“观”改变着“世界”。

○世界观作为整个人类认知体系的反映，先后历经多次变迁。从亚里士多德世界观到牛顿世界观，人类跨越了将近两千年。整个人类认知跃迁背后的思维工具：经验、归纳、逻辑思考，从哪里来，又将去往何方？

（2019年7月25日晚上阅毕）

万物皆数：从史前时期到人工智能，跨越千年的数学之旅

（［法］米卡埃尔·洛奈著，孙佳雯译，北京联合出版公司 2018 年版，18.1 万字）

△ 17 章：不自觉的数学家；数字的形成；不习几何者不得入内；定理时代；一点儿方法；从 π 到环；零和负数；三角原力；面对未知；数列；虚数的世界；数学语言；世界的字母表；无穷小；测算未来；计算器时代的到来；未来的数学。

○在史前时代，数字是为了实际应用而出现的。数字被用来计算羊群的数量，几何图形被用来测量田地并绘制道路。自那时以来，很多艺术家、创作者、匠人或者单纯的梦想家和好奇者，都在无意中踏入了数学的领导。他们是不自觉的数学家，是人类历史上最早的提问者、最早的研究者、最早的头脑风暴者。如果想了解数学到底是什么，我们就必须追随他们的脚步，因为一切正是因他们而起。

○这本书引领人们穿越回史前时代、四大发明古国、欧洲中世纪与文艺复兴时期，也会带领人们漫步于巴黎卢浮宫与发现宫。作者运用历史学的方法，构建了无数历史或现今的场景，将数学从亭台楼阁之上带入我们的日常生活，将数学之美化为一篇优美的文字，娓娓道来。

○从史前时期到人工智能，跨越千年的数学之旅。

○只要改变自己看世界的眼光，数学就会在你眼前出现。寻找数学是迷人的、永无止境的过程。

○有了数字，人类逐渐地明白了，他们发明了一种工具，借助这种工具，他们就能够书写、分析和理解周围的世界。

○公元前 6 世纪的时候，毕达哥拉斯在数字的基础上形成了他的基本哲学概念。这位古希腊先哲说："一切皆数。"

○在中国，数学知识历经几个世纪的积累，最终在距今 2200 多年前的

汉朝时期被编纂成书，这就是人类早期历史上伟大的数学著作之一：《九章算术》。

○在数学王国，几何学是当之无愧的女王，如果不经过她的筛选，没有任何声明能够被验证。

○所谓悖论，就是一种似假非真、似是而非、自相矛盾的命题。

○任何科学理论的生命都有它自己的阶段。首先，是假设；然后，是犹豫、错误、发展中的建构、朦朦胧胧的理论隐约浮现；紧接着，就是确认理论的阶段、通过实验来验证等式是否成立、坚定地判断、明确地确定或者否决；再然后，就是放飞自我，获得独立和自由。

（2019年11月5日下午阅毕）

三、技术

群体性孤独，为什么我们对科技期待更多，对彼此却不能更亲密

（[美]特克尔著，周逵、刘菁荆译，浙江人民出版社2014年版，37.2万字）

△两部分：第一部分：机器人时代——孤独中的新型亲密关系；第二部分：网络化生存——亲密关系中的新型孤独。

○雷莉·特克尔，麻省理工学院社会学教授，科技与自我创新中心主任，哈佛大学社会学和人格心理学博士。采用“实地研究”和“临床诊断”两种方法，对人与信息技术的关系进行了长达15年的系统研究。

○透过对孩子们玩耍、学习、交往行为的观察和分析，透过对电子玩具、机器人、虚拟现实的追问和思考，牢牢抓住“孤独”这一人类掩藏颇深的情感脉络，点中了网络时代人与机器关系中焦灼多变、令人遐想的“命门”。

○特克尔认为，在互联网时代，如果我们既要享受信息技术带来的便利，又要摆脱信息技术导致的孤独，必须找到一个两全其美的好办法。一方面，我们要学会独处，体会独处带给人们的好处；另一方面，朋友、亲人要更多地坐在一起，面对面谈话、讨论。

○计算机、互联网正在跨进原来只属于人类的世界。IBM的超级计算机沃森在智力问答游戏中战胜所有人类取得了冠军；谷歌无人驾驶汽车已经在美国加州获得了上路驾驶的实验牌照；微软正式推出了计算机全自动同声传译系统……

○网络世界不是“瓦尔登湖2.0”。

○我们正处于一个完美风暴的静止中心，浑然不觉已成了科技的奴仆。我们不会放弃互联网，也不可能一下子“戒掉”手机。我们自己才是决定怎样利用科技的那个人，记住这一点，我们就一定能拥有美好的未来。

（2018年1月5日下午5:15阅毕）

中国古代重要科技发明创造

（中国科学院自然科学史研究所编著，中国科学技术出版社2016年版，19.7万字）

△记述古代发明创造88项。分三部分：科学发现与创造、技术发明、工程成就。

○科学发现与创造：①干支；②阴阳合历；③圭表；④十进位值制与算筹记数；⑤小孔成像；⑥杂种优势利用；⑦盈不足术；⑧二十四节气；⑨经脉学说；⑩四诊法；⑪马王堆地图；⑫勾股容圆；⑬线性方程组及解法；⑭本草学；⑮方剂学；⑯天象记录；⑰制图文体；⑱律管管口校正。

○技术发明：⑲敦煌星图；⑳潮汐表；㉑中国珠算；㉒增乘开方法；㉓垛积术；㉔天元术；㉕一次同余方程组解法；㉖法医学体系；㉗四元术；㉘十二等程律；㉙《本草纲目》分类体系；㉚系统的岩溶地貌考察；㉛水稻栽培；㉜猪的驯化；㉝含酒精饮品的酿造；㉞髹漆；㉟粟的栽培；㊱琢玉；㊲养蚕；㊳缫丝；㊴大豆栽培；㊵块范法；㊶竹子的栽培与综合利用；㊷茶树栽培；㊸柑橘栽培；㊹以生铁为本的钢铁冶炼技术；㊺分行栽培（垄作法）；㊻青铜弩机；㊼叠铸法；㊽多熟种植；㊾针灸；㊿造纸术；51胸带式系驾法；52温室栽培；53提花机；54指南车；55水碓；56新莽铜卡尺；57扇车；58地动仪；59翻车（龙骨车）；60水排；61瓷器；62马镫；63雕版印刷术；64转轴舵；65水密舱壁；66火药；67罗盘（指南针）；68顿钻（井盐深钻及汲制技艺）；69活字印刷术；70水运仪象台；71双作用活塞式风箱；72大风车；73火箭；74火铳；75人痘接种术。

○工程成就：76曾侯乙编钟；77都江堰；78长城；79灵渠；80秦陵铜车马；81安济桥；82大运河；83布达拉宫；84苏州园林；85沧州铁狮；86应县木塔；87紫禁城；88郑和航海。

○水稻、大豆、柑橘、茶。

○“四大发明”成为中华文明的一种标志。

○风靡全球的三大饮料：茶、咖啡、可可。

（2018 年 1 月 29 日晨 0:10 阅毕）

智能革命：迎接人工智能时代的社会、经济与文化变革

（李彦宏等著，中信出版社2017年版，28万字）

△共11个部分：①简史：互联网风云背后的人工智能生长；②人工智能的历史使命：让人类知道更多、做得更多、体验更多；③在大数据与深度学习中蝶化的人工智能；④中国大脑计划：自下而上的超级工程；⑤中国智能与文明升级；⑥冲入AI无人区：无人驾驶之路；⑦AI带来的普惠曙光；⑧每个企业都需要一位首席人工智能官；⑨技术奇点：人工智能的自我挑战；⑩遇见智能时代的你；⑪美丽新世界，严肃新问题。

○人工智能不会夺走我们的自由和生命，但会夺走我们的饭碗，这不需要人工智能的失控，它们可以在资本家的完全控制下做成这件事。

○香农，三大通信定律，为计算机和信息技术打下了基础。

○计算机和互联网都是人工智能的身体，每个数据都是人类活动和人性的记录，人工智能因此终于像“灵魂”一样涌现而出，它是可以有人性的。

○有位哲学家说，人类是一种“在路上”的存在。

○随着经济、社会发展，人类的组织越来越复杂，复杂社会需要新的手段加以治理，政府和社会组织的作用尤为重要。

○在技术进步之前，人们没有选择，只有奋力前进。因为技术不是外来者，而是来自人类生产创造本身，和人类的存在不可分割。

（2019年1月4日晚上阅毕）

科技之巅:《麻省理工科技评论》50 大全球突破性技术深度剖析

（《麻省理工科技评论》著，人民邮电出版社 2016 年版，43.5 万字）

△《麻省理工科技评论》从 2001 年开始，每年都公布“10 大突破技术”，并预测其大规模商业化的潜力，以及对人类生活和社会的重大影响。这些技术代表了当前世界科技的发展前沿和未来发展方向，集中反映了近年来世界科技发展的新特点和新趋势，将引领面向未来的研究方向。其中许多技术已经走向市场，主导着产业技术的发展，极大地推动了经济社会发展和科技创新，本书收集了 2012—2016 年的 50 大突破技术。这些技术是为解决问题而生，将会极大地拓展人类的潜能，也最有可能改变世界的面貌，值得在未来十年内给予特别关注。

○ 2016 年 10 大突破性技术：①免疫工程；②精确编辑植物基因；③语音接口；④可回收火箭；⑤知识分享型机器人；⑥应用商店；⑦ Solar city 的超级工厂；⑧ Slack；⑨特斯拉自动驾驶仪；⑩空中取电。

○ 2015 年 10 大突破性技术：① Magic leap；②纳米结构材料；③车对车通信；④谷歌气球；⑤液体活检；⑥超大规模海水淡化；⑦苹果支付；⑧大脑类器官；⑨超高效光合作用；⑩ DNA 的互联网。

○ 2014 年 10 大突破性技术：①基因组编辑；②灵巧型机器人；③超私密智能手机；④微型 3D 打印；⑤移动协作；⑥智能风能和太阳能；⑦ Oculus Rift；⑧神经形态芯片；⑨农用无人机；⑩脑部图谱。

○ 2013 年 10 大突破性技术：①深度学习；②蓝领机器人；③产前 DNA 测序；④暂时性社交网络；⑤多频段超高效太阳能；⑥来自廉价手机的大数据；⑦超级电网；⑧增材制造技术；⑨智能手表；⑩移植记忆。

○ 2012 年 10 大突破性技术：①卵原干细胞；②超高效太阳能；③光场摄影术；④太阳能微电网；⑤ 3D 晶体管；⑥更快的傅里叶变换；⑦纳

米孔测序；⑧众筹模式；⑨高速筛选电池材料；⑩ Facebook 的“时间线”。

○我们所居住的“蓝色星球”长期存在着淡水危机，尽管地球表面的 71% 被海洋覆盖，海水淡化却长期因大能耗、高成本无法成为人类的主要淡水来源。如今海水淡化技术已趋成熟，成本也日趋下降。在海水淡化大国以色列，50% 的淡水供应来自海水淡化。

（2018 年 5 月 6 日中午阅毕）

从丹药到枪炮

（［美］欧阳泰著，张孝锋译，中信出版社 2019 年版，27 万字）

△共 4 篇（18 章）：①源起中国；②欧洲造出了枪炮；③并驾齐驱；④军事大分流。

○拿破仑："中国是头睡狮，当它醒来，世界都会为之发抖。"

○现代战争从中国宋朝开始。

○"三世为将，道家所忌。"

○"洪武"，"宣扬武功"之意。火药武器让朱元璋在 14 世纪 50 年代的乱世取得了优势。

○通过火药革命，欧洲人建立了超越世界其他民族的军事优势。

○中葡战争是中国军队和欧洲军队历史上第一次主要军事交锋。拥有火炮的野蛮人：中葡碰撞 1521—1522。

○历史长期就是战国式互动，没有意外它将继续发挥作用，除非今天的人类亟须联手解决全球问题，才能达成空前的一致。

○我们人类尤善战争，我们更须擅长和平。

○黑火药的源头可追溯到中国的炼丹术。中国炼丹师在炼制丹药的过程中意外发明黑火药。自公元 900 多年第一次用于战争，黑火药时代开始，至公元 1900 年左右被无烟火药取代，黑火药时代结束，前后长达千年。考察黑火药时代 1000 多年的历史，能够重新让我们思考西方是如何崛起的，中国又是如何"停滞"的问题。

○在任何情况下，军事现代化的动力都不该被狭隘地理解为西方化。世界史上的这一进程为火器时代的所有国家都留下了痕迹。

○要重视中国技术对世界文明进程的长效推动力。

（2019 年 3 月 3 日晚上阅毕）

人工智能简史

（尼克著，人民邮电出版社 2017 年版，24.3 万字）

△共 12 章：①达特茅斯会议：人工智能的缘起；②自动定理证明兴衰纪；③从专家系统到知识图谱；④第 5 代计算机的教训；⑤神经网络简史；⑥计算机下棋简史：机定胜人，人定胜天；⑦自然语言处理；⑧向自然学习：从遗传算法到强化学习；⑨哲学家和人工智能；⑩人是机器吗？——人工智能的计算理论基础；⑪智能的进化；⑫当我们谈论生死时，我们在谈论什么？

○这本书全面讲述了人工智能的发展史，几乎覆盖人工智能学科的所有领域，包括人工智能的起源、自动定理证明、专家系统、神经网络、自然语言处理、遗传算法、深度学习、强化学习、超级智能、哲学问题和未来趋势等，以宏阔的视野和生动的语言，对人工智能进行了全面回顾和深度点评。

○历史素有两种写法：以人为主和以事为主。所有的传记都是以人为主的；而各种专史，如战争史，则多以事为主。

○自动定理证明起源于逻辑，初衷就是把逻辑演算自动化。逻辑学的源头是亚里士多德的三段论。现代逻辑的奠基人是弗里格和罗素。

○维特根斯坦曾说：“逻辑似乎处于一切科学的底部——因为逻辑的研究探索一切事物的本质。”

○“实验是知识的试金石。”

○黑格尔：“历史的教训就是历史从来没给过人教训。”丘吉尔：“不懂吸取教训的人注定会重蹈覆辙。”

○明斯基：“人脑就是一台计算机。”

○人工智能领域最火的词儿就是“深度学习”。神经网络由一层一层的神经元构成。层次越多，就越深，所谓深度学习就是很多层神经元构成的神经网络实现机器学习的功能。

○多尔西："游戏是知识之源。"图灵："下棋需要智能。"

○达·芬奇："最高级的快乐就是理解的愉悦。"

○费舍："自然选择就是能生成极不可能之事的机制。"

○高德纳："科学就是那些我们能对计算机说明白的东西，余下的都叫艺术。"

○伍迪·艾伦："我才不想靠我的作品达到不朽，肉身不死才算不朽。"

○阿西莫夫说死后的人生就是无梦的睡眠。

○图灵（1912—1954），生得不伟大，死得不光荣。

○伟大光荣其实无所谓，重要的是"真"和"美"。

○叔本华："才华能让人击中别人击不中的目标，而天才则能击中别人看都看不到的目标。"

（2019年3月27日中午阅毕）

明亮的泥土：颜料发明史

（[英] 菲利普·鲍尔著，何本国译，译林出版社 2018 年版，30.75 印张）

△ 14 章：①注视者的目光：画室里的科学家；②撷取彩虹：关于颜色的物理学和化学；③火神的熔炉：古代的颜料技术；④秘方：炼金术的艺术遗产；⑤光影大师：文艺复兴的荣光；⑥古老的黄金：简朴调色板的复兴；⑦多彩的金属：合成色料与颜色化学的黎明；⑧光的统治：印象派的明亮效应；⑨对紫色的激情：染料，以及颜料的工业化；⑩午夜暗影：关于蓝色；⑪时间这个画家；⑫捕捉颜色：艺术如何在复制中显现；⑬心胜于物：在现代主义中作为形式的颜色；⑭纯粹的艺术：新的材料、新的视野。

○让·杜布菲（1973 年）："没有颜色这种东西，只有带颜色的材料。"菲利普·古斯顿："颜料到底是什么？有色的泥土罢了。"

○直到 17 世纪，三种现代原色，即红色、黄色和蓝色，才得到确立。

○达·芬奇："绘画就是，光影组合与所有简单和复杂色彩的多彩品质紧密结合在一起。"莱昂、巴蒂斯塔、阿尔贝蒂，《论绘画》："我希望，所有种类的颜色尽可能地以一定的优雅和愉悦出现在绘画中。"

○化学家威廉·卡伦（约 1766 年）："化学是这样一门艺术……就各种艺术意图来说，化学能产生比任何天然产物更为适用的多种人造物质。"

○ 1961 年加加林："从太空中看，地球是蓝色的。"

○原则一如既往，技术却日新月异。

○凡·高说："未来的画家是此前从未有过的着色师。"

○作者搅动炼金术的坩埚，聆听画家与画材商的争执，又拈起科学家的色卡和棱镜，细腻地谱写出梦想家与手艺协力合作、发明新颜料的漫长故事：千百年来，艺术需求刺激了化学工艺的演进，绘画乃至整个社会生活的色彩谱系又因科学而扩张。名画背后的科技革新，给人们带来了理解西方艺术史的独特维度。

（2019 年 4 月 29 日晚上阅毕）

科技失控

（[美]瓦拉赫著，萧黎黎译，江苏凤凰文艺出版社2017年版，25万字）

△ 15章：①谁真正掌握我们的未来；②预测；③越来越复杂；④变化的速度；⑤权衡；⑥生物工程和转基因；⑦掌控人类基因；⑧超越生命极限；⑨半机器人和技术智人；⑩病态的人性；⑪超级武器与技术风暴；⑫终止终结者；⑬工程灾难；⑭社会应变落后于技术发展；⑮我们的未来。

○这本书探讨了技术所引发的发明者和消费者如何应对飞速的技术发展所带来的道德模糊问题。

○读懂科技带来什么，才能更好地掌控自己的未来。

○霍金："我们不会停止进步，或刻意逆转。所以我们必须认识到进步的风险并控制它。""科技是很好的仆人，也是危险的主人。"欧文·科里："我们如果还不立刻调整方向，结局注定是不知所终。"

○未来20年中，新技术的采用可能导致社会动乱、公共卫生和经济危机、环境破坏以及个人悲剧。有些事件可能会造成很多人失去生命。

○"烤一个蛋糕很容易，造一辆车很难，养一个孩子很复杂。"

○人体适应力惊人。人体是复杂之系列。

○利弊权衡，复杂性和变化速度都是评价新兴技术社会影响管理办法是否可行的重要因素。

○人兽杂交物，通常称之为"奇美拉"，可用于检测新药的效果，可能比现有的动物检测更好。

○对健康的渴望和对长生不老的梦想一起发挥了重要作用推动科学前进。

○哲学家安迪·克拉克指出，所有人生来就是半机器人。他的意思是我们不仅使用技术，而且是将工具当成我们身体的一部分。

○尼采在《道德谱系》中写道："太长的时间里，地球是一个精神病院。"

（2019年6月2日下午阅毕）

硅谷迷情：美国科技创新探秘

（郇舒叶著，广东人民出版社 2019 年版，19.3 万字）

△ 4 部分：①美国教育见闻；②斯坦福纪事；③生活在硅谷；④人在旅途。

〇这本散文集，收集了近 60 篇文章，可分为文化、科技、教育、旅行、硅谷故事五类。

〇玩就是重复的、自愿的、没有任何功利和目标的令人心情愉快的活动。

〇美国有 4000 所大学，只有三分之一的美国年轻人有本科学位。如果没有国际生，特别是中国来的学生，四分之一的大学会关门。一般美国民众认为，上大学是一种人生投资，如果文凭不能帮助你谋生，还不如不要。

〇斯坦福 2017 年本科生的录取率是 4.65%，可谓全世界最难进的大学，也成了全世界众多高中生向往的地方。其最棒的不是本科教育机构，而是研究所。

〇艺术可能是感性的，也可能是非常理性的，包含着一定的哲学思考、人生观和对历史、社会和政治的看法。

〇“幽默就是能让人从惊诧、愤怒、悲伤瞬间转成惊喜、祥和、快乐的能力。”人们的笑声和年龄成反比，待到进入社会，呈现断崖式下跌。

〇静，是紧张生活的必需品。

〇“百”在汉语里不只是定数，大多场合下它是个变量：百里挑一、海纳百川、百年好合、流芳百世……它通常代表着很多的美好。

〇有人总结过成功的三条秘诀：第一是“坚持”，第二是“不要脸”，第三是“坚持不要脸”。在硅谷这个地方，更不要怕被拒绝，不要怕失败，多么疯狂的主意，在这里都是平平常常的。

〇硅谷的风投。“天时、地利、人和”，素以“包容”“创新”而闻名。

（2019 年 9 月 13 日晚上阅毕）

智能时代：大数据与智能革命重新定义未来

（［美］吴军著，中信出版社 2016 年版，23.2 万字）

△共 7 章：①数据：人类建造文明的基石；②大数据和机器智能；③思维的革命；④大数据与商业；⑤大数据和智能革命的技术挑战；⑥未来智能化产业；⑦智能革命和未来社会。

○大数据和机器智能对于未来社会的影响是全方位的。

○在计算机科学中，狭义上数据是指所有能输入电子计算机进行处理的具有一定意义的数字、字母、符号和模拟量等的通称。广义上，按照百科的定义，则是以适于更好使用或处理的方式来表示或编码的信息或知识，它可以被测量、收集和报告及分析，能够使用图形或图像来显示。

○大数据是解决不确定性的良药。

○ 1956 年麦卡锡、明斯基、罗切斯特和香农等人提出“人工智能”的概念。

○计算机之所以能战胜人类，是因为机器获得智能的方式和人类不同，它不是靠逻辑推理，而是靠大数据和智能算法。

○如果把资本和机械作为大航海时代以来全球近代化的推动力的话，那么数据将成为下一次技术革命和社会变革的核心动力。

○最初研究概率论的并非数据家，而是一群赌徒和投机者。统计学，有时又被称为数理统计，是建立在概率论基础上收集、处理和分析数据，找到数据内在关联性和规律性的学科。统计学：点石成金的魔棒。

○发明“电脑”一词的是英国元帅——蒙巴顿伯爵。

○牛顿的方法论被概括为机械思维、世界变化的规律是确定的，规律可认识且可用简单的公式或语言描述清楚，这些规律是放之四海而皆准的。

○熵——一种新的世界观。熵，信息论和不确定性的代名词。

○技术革命导致商业模式的变化，尤其是新的商业模式的诞生；生产越来越过剩，需求拉动经济增长的模式变得不可逆转；商业模式的变化既有继承性，又有创新性。

○大数据的数据量大、维度多、数据完备等特点，使得从收集开始，到存储和处理，再到应用，都与过去的数据方法有很大的不同。因此，使用好大数据也需要在技术和工程上采用与过去不同的方法。

○现有产业+机器智能=新产业，未来的农业、制造业、体育、医疗、律师，甚至编辑、记者行业都将迎来崭新形态，新产业将取代旧产业满足人类的个性化需求，大量数据导致我们整个社会的升级和变迁。

○医疗保健在任何一个发达国家都是一个大产业，甚至是最大的产业，因为人类发展经济和科技最重要的目的就是增进健康、延年益寿。

○癌症、帕金森综合征、阿尔茨海默病（老年痴呆），目前为难治之症。

○在20世纪50年代，著名的工程师，被誉为“晶体管之父”的皮尔斯（1910—2002）把治愈癌症和登月，识别语音、水变油、海水里提炼黄金并列为人类难以解决的5个难题。

○李文森博士认为，延长人的寿命的关键是要找到衰老基因。

○在历次技术革命中，一个人、一家企业甚至一个国家，可以选择的道路只有两条：要么加入浪潮，成为前2%的人；要么观望徘徊，被淘汰。

○ 2014年美国收入在前1%的人贡献了美国45%的联邦税收。

○其实社会公平只能反映在机会平等上，而不是结果的公平。实际上，只要个人的智力有差异，努力的程度不同，以及每个人的运气不同，即使劫富济贫，也无法保证社会公平。

○这是一部近代科技的历史书，也是一部科普书，还是一部指导创新的教科书。

（2018年4月10日晨0:45阅毕）

四、政治学

社会契约论

（[法] 卢梭著，何兆武译，商务印书馆 2016 年版，6.625 印张）

△一名《政治权利的原理》。共分四卷。

○卢梭（1712—1778）是 18 世纪启蒙运动最卓越的代表人物之一，是法国大革命的思想先驱者。

○《社会契约论》一书为 18 世纪末法国资产阶级民主革命和美国资产阶级革命提供了理论纲领。其中心思想是：人是生而自由与平等的，国家只能是自由的人民自由协议的产物，如果自由被强力所剥夺，则被剥夺了自由的人民有革命的权利，可以用强力夺回自己的自由；国家的主权在人民，而最好的政体应该是民主共和国。

○“人是被自由的。”

○启蒙、理性主义、天赋人权，等等。

○人们的思想认识只有在前人已有的基础之上，才有希望进步并达到更高的水平。

○放弃自己的自由，就是放弃自己做人的资格，就是放弃人类的权利，甚至就是放弃自己的义务。

○法律只不过是社会结合的条件。服从法律的人民应当是法律的创作者；规定社会条件的，只能是那些组成社会的人们。

○在各个国家初创时，宗教是用来作为政治的工具的。

○没有一种政府形式适宜于一切国家。

○公意是不可摧毁的。

○孟德斯鸠：“以抽签来进行选举，乃是民主制的本性。”“抽签是一种不会伤害任何人的选举方式，它使每个公民都能有一种为祖国而服务的合理愿望。”

○人人都会尽自己的责任，人民是守法的，首领是公正的、有节制的，行政官是正直的、廉洁的；这里既没有浮华虚夸，也没有骄奢侈纵……

（2017 年 12 月 24 日上午阅毕）

中国官僚政治研究

（王亚南著，商务印书馆2010年版，7.75印张）

△全书共分十七篇，曾分篇连载于上海出版的《时与文》杂志上。1948年5月写于厦门。

○《社会科学大辞书》："官僚政治一语，通常是应用在政府权力全把握于官僚手中，官僚有权侵夺普通公民自由的那种政治制度上。"

○中国官僚政治的诸特殊表象，分别体现在它的以下三种性格中：延续性、包容性、贯彻性。

○专制官僚统治的维护：天道观念；大一统观念；纲常教义。

○支持官僚政治高度发展的第一大杠杆——两税制：均田制、租税制，第二大杠杆——科举制。

○选贤任能是官僚政治的口号，"能者在位，贤者在职"的理想的实现程度，确实也能测定那种政治场面的休咎与吉凶。

○历史本身就是一个矛盾发展的过程，它时刻在用万钧的力量把中国新官僚政治推向它应去的道路。

○马克思曾说："一个统治阶级越能把被统治阶级中的优秀分子吸引过来，它的统治就会越是巩固，越是险恶。"而中国专制官僚的祖先在马克思之前就懂得了这个道理。

○科举制度的最大目的，就是要"使人的思想拘囚于一定范式中"，"使人的意志集中到一定目标上"，树立"做官第一主义"，利欲熏心，把国家、民族、人民的安危死活抛到脑后。

○清朝以来官僚政治形态的反动与阻碍力就开始走向最大化了。

○从《中国官僚政治》一书的研究来看，有以下几个方面令人印象深刻：①官僚政治的工作重心在争权夺利的斗争中；②做官发财，徇私舞弊，贪污成风；③官、商、高利贷者、地主四位一体的集权的或官营的经济形态，严重侵蚀和消融工商资本；④官僚政治的“现代化”中，官僚资本妨碍现代工业发展。

（2017 年 10 月 12 日晨 0:10 阅毕）

唐宋社会变革论纲

（林文勋著，人民出版社 2011 年版，29 万字）

△对唐宋社会变革问题的研究，是关于中国古代“富民社会”研究的一项成果。共四篇：①总论——唐宋社会变革：一种经济史的解释；②商品经济与经济关系及阶级关系的变革；③商品经济与国家政策的调整及制度变革；④商品经济与思想价值观念的变革。

○强调“民”的演变是中国古代社会的一条基本主线，中国传统社会的发展变化，经历了从“部族社会”（上古三代）到“豪民社会”（汉唐）再到“富民社会”（唐宋至明清）并最终进入近代“市民社会”。

○人类社会有两种经济形式：自然经济和商品经济。“自然经济的历史比商品经济悠久，商品经济的前程则比自然经济远大。”

○土地产权制的变革，促进了土地资源的优化配置，推动了生产关系的发展变化，促进了“富民”这一新兴的社会阶层的兴起，直接推动了土地的垦殖。

○司马迁说：“用贫求富，农不如工，工不如商。”

○“富民”又称“富室”“富家”“富户”“富人”“富姓”“多赀之家”，某种情况下还可称“大姓”“右族”“望族”“豪族”“兼并之家”等。

“富民”是国家的基础，国家的统治必须依赖于富民。它们是国家赋税和财富的主要来源，是国家对乡村实施统治的重要力量。

○专卖制度，古称禁榷制度。禁，乃禁止之意；榷，意为独木桥。

○“义利之辨”：宋代的思想大解放。义利之辨张扬了人性，使人性得到较大程度解放，推动了社会价值取向的变化。

○所谓“保富论”，就是公开宣扬富人的重要性，并主张对富人予以保护，是一种充分体现时代特征的崭新经济思想。

○“富民社会”具有流动性、市场化趋向、平民化趋向。

（2017 年 10 月 13 日中午阅毕）

耶鲁大学公开课：政治哲学

（[美] 史蒂芬·B.斯密什著，贺晴川译，北京联合出版公司2015年版，26万字）

△共12章：①为什么是政治哲学？②安提戈涅与冲突的政治；③苏格拉底与经过省察的生活；④柏拉图论正义与人的善好；⑤亚里士多德关于政制的政治科学；⑥《圣经》中的政治；⑦马基雅维利与建国的技巧；⑧霍布斯的新政治科学；⑨洛克与宪政的技巧；⑩卢梭论文明及其不满；⑪托克维尔与民主的困境；⑫捍卫爱国主义。

〇哲学曾经被理解为一种爱欲的行动。研习政治哲学，或许就是对这种爱欲的最高礼赞。

〇苏格拉底说："未经省察的生活是不值得人过的生活。"

〇正是对名誉和超凡出众的强烈的爱，引导着某些男人和女人在公共生活中追求自己的野心。

〇亚里士多德说："人出于自然就是一种政治的动物。"

〇最重要的药方是法治。法律确保所有公民得到平等对待，以免一人、少数或多数人恣意专政。

〇两种血质。马基雅维利："因为在每一个城市里都可以找到两种互相对立的血质：一边是人民不愿意被贵族统治与压迫，另一边是贵族要求统治与压迫人民。"

〇霍布斯《利维坦》，英语世界第一部，也是迄今最伟大的政治哲学著作，几乎创造了英语政治理论的惯用语汇。他对人的本性看得很低，但他的一生似乎都有着数不清的乐趣和幽默。

〇当今我们最熟悉的现代国家的表述是由约翰·洛克提出的。他的著述似乎被托马斯·杰弗逊全盘吸收进了《独立宣言》，以至于人们经常认为，洛克差不多算得上是美利坚建国一代的名誉成员。《政府论》："一切权力源于人民。"

〇卢梭《社会契约论》开篇就是一句煽动性的话："人生来是自由的，

但却无处不身戴枷锁。”

〇托克维尔的老师帕斯卡尔（17世纪一位宗教哲学家）说：“一滴水，一口气，就足以致人于死地。人只不过是一根芦苇，是自然界最脆弱的东西。但是，人是一根会思考的芦苇。”

〇政治哲学的伟大传统认为，爱国主义是一种能使人变得崇高的情感。

〇镌刻在耶鲁大学布兰福德学院纪念大门上的名言，“为了上帝，为了国家，为了耶鲁”。

（2018年1月6日晚10:10阅毕）

君主论（拿破仑批注版）

（［意大利］马基雅维利著，刘训练译注，中央编译出版社 2017 年版，26.4 万字）

△共 26 章：①君主国有多少种类，获取它们的方式有哪些；②论世袭君主国；③论混合君主国；④为什么亚历山大所夺取的大流士的王国在亚历山大死后没有反叛其后继者；⑤应当如何处置被占领前生活在自己法律下的城市或君主国；⑥论依靠自己的武装和德能获取的新君主国；⑦论依靠他人的武装和机运获取的新君主国；⑧论以罪恶获得君主国的人们；⑨论公民的君主国；⑩应当以何种方式衡量一切君主国的力量；⑪论教会的君主国；⑫ 论军队有多少种类以及雇佣军；⑬ 论援军、混合军队和自己的军队；⑭ 一位君主在军事方面应做什么；⑮ 论那些使世人尤其是君主受到赞扬或谴责的事物；⑯ 论慷慨与节俭；⑰ 论残酷与仁慈，以及受人爱戴是否比畏惧来得好些；⑱ 君主应当以何种方式遵守信义；⑲ 论避免受到蔑视与仇恨；⑳ 堡垒以及君主们日常做的其他许多事情是有益的还是无益的；㉑ 一位君主为了受人尊敬应当做什么；㉒ 论君主任用的大臣；㉓ 以何种方式避开阿谀奉承者；㉔ 为什么意大利的君主们失去其王国；㉕ 机运在人类事务中有多大力量，可以以何种方式对抗它；㉖ 劝谏夺取意大利，并将它从蛮族手中解放出来。

○拿破仑的评注涵盖了他担任将军、执政官、皇帝乃至被流放在厄尔巴岛的多个时期。这些批评充满自信，也就免不了偏激及自负。

○拿破仑："人们总是为表象所欺骗。""道德家的谨慎，离国家事务太远。""又是道德！老好人马基雅维利真没有胆识。"

○没有优良的军队，就不可能有良好的法律；有优良的军队，就一定会有良好的法律。

○塔西佗《编年史》："世上最不牢靠、最不稳固的东西，莫过于不以自己的力量为基础的关于权力的名望了。"

○君主既必须是一只狐狸以便识别陷阱，又必须是一头狮子以便使豺狼畏惧。

〇拿破仑："受人蔑视是所有坏事中最糟糕的。""出身的卑贱总是有办法隐藏的。""君子必定需要他们的奉承；但不能任自己沉溺其中，这才是难点。"

〇"一个腐败的民族，即便获得自由，维持这种自由也极其困难。""在一位卓越的君主死后，一位软弱的君主可自保；但是，在一位软弱的君主死后再有一位软弱的君主，就不可能维持任何王国。""一位新君主在他夺取的城邦或地区应当更新一切。""人们常常自欺欺人，相信凭借谦虚就可以战胜傲慢。""不可伤害一个人在先，然后又把重要的职务或指挥权交给他。"——马基雅维利《李维史论》

〇马基雅维利政治学基本原理概要（摘录自各种著作）：论城邦的基础；论宗教；论各种不同的政府形式；论腐败及其补救办法；论政府应当如何应对外国政府；论普通民众的性格；论公共经济学。

（2018年1月10日晨0:15阅毕）

变化社会中的政治秩序

（［美］塞缪尔·亨廷顿著，王冠华、刘为等译，上海人民出版社 2008 年版，37.3 万字）

△本书审视了新兴国家可行的政治制度的发展，对现代政治分析做出了重大而持久的贡献，已成为新经典。全书共 7 章：①政治秩序和政治衰朽；②政治现代化，美国与欧洲之比较；③传统政体的政治变迁；④普力夺社会和政治衰朽；⑤革命和政治秩序；⑥改革与政治变迁；⑦政党与政治稳定。

○强大的政府就是有能力制衡政治参与和政治制度化的政府。

○欲根除国内政治的动荡和衰朽，这些国家必须树立起强大的政府；强大政府的构建和维持单赖强大政党的缔造和巩固，而政党的强大不在于数量，而在力量。

○一定要把一个 10 岁的小男孩催肥成大力士，他是上不了拳击台的。

○运用自己的理论，亨廷顿把第三世界发展中国家大致分为传统君主制政体、军人左右局势的普力夺政体以及革命政体，进而对这几种政体在进行现代化的改革过程中如何克服不同的困难并利用独具的有利条件，逐个进行了详尽而深入的分析。

○作者未能脱出"欧洲中心论"的窠臼，在根本上也认为西方早期实现现代化的英美等发达国家所走过的道路乃是第三世界后起国家民族振兴的参照和归宿。作者在强大政府和独裁统治之间未能画出一条明确的界线。

○在许多处于现代化之中的国家里，推翻政府可谓易如反掌：一个连，两辆坦克，半打上校就够了。但没有哪个处于现代化之中的国家的共产党政府曾被军事所推翻过。

○一个组织越团结，越具有内聚力，其制度化程度也就越高；相反，组织越不团结，其制度化程度也就越低。

○在传统社会里，政治参与在村落范围内可能是广泛的，但在高于村落的任何范围内，它都局限于极少数人。

○腐化是指国家官员为牟取个人私利而违反公认准则的行为。哈林顿说："腐化是新旧政府交换的催生符。"

○传统的政治体制具有不同的形式和规模：村镇民主政体，城邦国家，世袭制国家，封建政体，专制君主政体，官僚帝国，贵族政体，寡头独裁制，神权政治国家，等等。传统社会中的主要政治力量通常是君主、教会、土地贵族和军队。

○在所有的社会里，专业性的社会团体都会卷入政治。

○革命，就是对一个社会主导地位的价值观念和神话，以及其政治制度、社会结构、领导体系、政治活动和政策，进行一场急速的、根本性的、暴烈的国内变革。

○在一个城市里，什么集团最具革命性？游民无产阶级、产业工人和中产阶级知识分子。

○共产党国家在建立政治秩序方面的相对成功，在很大程度上就是由于它们自觉地把建立政治组织一事摆在优先地位。

○列宁在1905年曾说道："无产阶级在夺取政权时除了组织以外别无武器……无产阶级只有通过这一点才能成为不可战胜的力量。"

（2018年1月16日晨0:30阅毕）

火与烬：政治中的成与败

（[加]叶礼庭著，黄天磊译，中央编译出版社 2017 年版，15.9 万字）

△共 10 章：狂妄、雄心、命运女神、察言观色、金钱和语言、责任与代议、资格、敌人和对手、听出租车司机怎么说、召唤。

○灰烬，虽然只是不起眼的残渣，却也有独特的用处。我的父母过去常从壁炉里铲出余烬，撒到我家西墙边的玫瑰地上。我的父母已离世许久，但每到夏天，当他们的玫瑰绽放的时候，我还是愿意相信，正是因为我仍从壁炉里铲出余烬撒到玫瑰地上，这份美丽才成为可能。

○在政界，说话率真不会给你带来任何好处。你会告诉别人的一定只是：你想改变世界。

○我一度天真地以为自己重返加拿大政坛的过程，会像散步回家一样轻松。

○政治里一个再简单不过的道理：把你的渴望展示出来。

○加拿大是面积最大的国家之一，横跨六个时区，有着五个地区和两种官方语言。

○知道一方水土如何养育一方人，一方人又如何塑造了一方水土。

○“浑然天成，毫不费力。”伟大的政治家能让复杂的设计看上去浑然天成。人类所有的政治技巧中都包含着诡计，而诡计则必须被轻松和优雅包装得让人看不出破绽。

○政治和生活一样，个中真正的挑战在于，如何从过往的错误中吸取教训。

○没有任何政坛新人会在一开始就做好了应付来自四面八方的攻击的准备。

○政治家需要在民众对作为一种职业的政治感到厌恶的情况下，进行协调、谋求平衡，争取他们的信任。

○对手显然深谙政治攻击的精髓：他们知道集中火力打击我最有力的

地方，从而让我在优势尽失、弱势尽显的状态下自取灭亡。

○良心确实很重要，但如果是要夺取执政的背景下，政党的团结统一则比个人的良心更为紧要。

○要是你不曾懂得政治会让你变得一无所有，你也就从未真正读懂过政治。

○全世界的课堂上布置给学生阅读的政治理论，大都不是那些政治上取得成功的人写的，而是剩下的失败者写的。

○“好好活着就是对敌人最好的报复。”

○在政治里，你只管打球就是了，因为只有胜者有权更改规则。

○对抗是政治的本质，你必须拿出一个战士的气势才能在对抗中获得优势。

○在政治的格斗场上，你损失了多少就会赢得多少，但一个明智的政治家会知道什么时候出拳才光明磊落，什么时候出拳是乘人之危。

○要想做一个出色的政治家，就必须对选你上台的人民负责，也对你自己的行为负责。

（2018 年 1 月 19 日晨 0:25 阅毕）

绝对欲望，绝对奇异：日本帝国主义的生生死死，1895—1945

（[美]马克弟著，朱新伟译，中央编译出版社 2017 年版，24.7 万字）

△**共三部分：生命政治；神经政治；死亡政治。**

○福柯《性史》第一卷：现代社会是性错乱，这不是清教徒主义的虚伪性的反作用；这就是事实，现代社会就是性错乱。

○卢森堡："暴力是资本的永恒武器。"

○马克思在《资本论》第一卷说："一面是财富的积累……一面是惨剧的积累，劳动、奴役、残暴和道德堕落。"

○ 1890 至 1940 年大约 2500 万人从山东和河北地区迁往东北的历史。

○马克思："如果按照奥日埃的说法，货币'来到世界，在一边脸上带着天生的血斑'，那么，资本来到世间，从头到脚，每个毛孔都滴着血和肮脏的东西。""剥削直接生产者的方式是最残忍的野蛮手段，其动机是最见不得人的贪婪心。"

○《朝鲜与满洲》1912 年 6 月："不管它主观意图如何，客观上讲，东洋拓殖株式会社是在吸血。"

○弗兰兹·法农《全世界受苦的人》："相信我，僵尸比殖民者更可怕；所以问题不再是去迎合殖民世界，而是要在小便、吐痰或夜晚外出之前的三思。"

○马克思："资本是死劳动，像吸血鬼一样，靠吸食活劳动维生，它存在的时间越长，吸食的劳动就越多。"

○关东军认为鸦片是巨大的财源，也是对中国人民弱种亡身的工具……以最低的价格，强行收买种烟人的鸦片，再以最高的价钱卖给吸食鸦片成瘾者。截至 1944 年，伪满洲国大约有 500 万海洛因和吗啡成瘾者；如果加上鸦片成瘾者，大约 20% 的伪满洲国民吸毒上瘾。

○“如果没有鸦片，根本没法在慰安所活下去。”毒品是这些女性唯一借以忍受强奸和折磨的工具。

○杨絮，东北女作家，1943 年说：“对，我们每个人都在学习如何死亡，如何钻进坟墓。但谁能想到，死亡的课程竟如此艰难。”

○尼采：“人类是本能动物；不管现代道德怎么说，沉醉于本能并非罪恶。”

○苦力和性工作者是日本帝国主义在其生命政治阶段的死亡政治。

○死亡政治资本的解形吸纳指的是，日本帝国主义者完全不考虑维持或再生产中国工人的生命。

（2018 年 2 月 7 日晚 11:35 阅毕）

宪法的碎片：全球社会宪治

（[德]贡塔·托依布纳著，陆宇峰译，中央编译出版社2016年版，28万字）

△本书是对全球多元主义社会宪法观的首次阐述，系统论述了作者对宪法和基本权利问题的全新理解，以及法学和全球性理论的前沿成果，是当代著名法律社会学家托依布纳的巅峰之作。

○贡塔·托依布纳："在全球化的汪洋之中，只会浮现宪治的岛屿。"

○ 18、19世纪的宪法问题，焦点在于释放民族国家政治权利的能量，同时又能有效限制这种能量。今天的宪法问题的焦点，则在于解释各种十分不同的社会能量（经济尤其明显，科学、技术、医药和新型传媒也不例外），并有效限制它们的破坏效果。

○财产制度、契约制度、竞争制度、货币制度——在秩序自由主义中，这些基本制度构成了经济宪法。

○联合国最早主张世界社会的全面宪治化。

○如果一个社会子系统由于过度发展而失控，有两种选择：一是国家干预，二是内部宪治化。

○新宪法问题：民族国家的部门宪法，超国家宪治主体：体制、组织、网络；超国家的宪法规范、功能、领域、过程、结构；超国家的基本权利：横向效力；宪法间的碰撞。

○"毛细管宪法"魔鬼和魔王。

（2018年4月4日晚10:30阅毕）

托克维尔

（[美]哈维·C. 曼斯菲尔德著，马睿译，译林出版社2016年版，16.75印张）

△牛津通识读本之一。共6章：①托克维尔的民主天意；②托克维尔对民主的赞美；③非形式的民主；④民主的专制；⑤理性主义行政；⑥托克维尔的骄傲。

○用简洁易读的语言介绍了跻身于两个世纪以来最重要的政治思想家之列的托克维尔。

○敏锐地考察了托克维尔的著作，既包括举世皆知的杰作，也包括只为传诸后代而无意公开的《回忆录》，以及他关于祖国的未完成作品《旧制度与大革命》。

○骄傲是人的本性。

○伟大首先在于灵魂的德性和卓越。

○托克维尔出生时，他的父亲看了一眼他那表情极其丰富的脸庞，就断言他日后必成伟人。他生于1805年7月29日，卒于1859年4月16日。

○托克维尔写信给其妻玛丽·莫特利说："你是世上唯一能洞悉我灵魂深处的人。"

○他赞美民主，但并不认定它是好的或唯一合法的政治体制。

○"对一个坏政府而言，最危险的时刻通常就是开始改革之时。"

（2018年5月22日中午阅毕）

法律

（[英]雷蒙德·瓦克斯著，殷源源译，译林出版社2016年版，22印张）

△共6个部分：①法律的起源；②法律的部门；③法律与道德；④法院；⑤律师；⑥法律的未来。

○法律是社会构成基础。它保护我们的权利，强制我们履行义务，为几乎每个社会、政治和经济行为设置了规范框架。罪犯获得惩罚，受害者得到补偿，合同得以履行，这些不过是现代法律体系一小部分功能的体现而已。法律致力于实现平等，促进自由和保障安全。

○《汉谟拉比法典》是最早的成文法典之一（汉谟拉比是巴比伦帝国的国王与开创者）。它大约在公元前1760年出现。这部法典雕刻在一块黑色的石碑上，包含约300个条款。

○为了解决较高阶层与较低阶层的市民之间的争议，在公元前450年左右，罗马人在铜表上颁布了法律汇编，即十二铜表法。

○博洛尼亚大学是西方世界最早的大学，它建立于1088年左右，在那一时期，语法、修辞与逻辑大师们开始将他们的注意力转向法律，这里一直盛产杰出的法学教师团队。

○ 20世纪的英国法官丹·宁勋爵说过："法律有两个伟大的目标：一是维护秩序，二是伸张正义；然而，这两个目标并非一直保持一致。"

○宪法规定了政府机构的组成和功能，并且规定了个人与国家之间的关系。

○罗马律师西塞罗说："真正的法律是与自然和谐的正当理性，它是普遍适用、永恒不变的。"

○所有主要的法律体系都有各自的优点和缺点。普通法系非常重视无罪推定的价值。

○法律就像战争一样，似乎是人类社会不可避免的，但法律一直处于变动状态。

○如果没有有效的执法，法律是无法完成崇高的抱负的。

○人类之外的动物生灵得到权利的一天将会到来。

○我们的世界依旧受到战争、种族灭绝、贫穷、疾病、腐败、偏执与贪婪的摧残。

（2018 年 7 月 3 日晚 11:25 阅毕）

从俾斯麦到希特勒

（[德]塞巴斯蒂安·哈夫纳著，周全译，译林出版社 2016 年版，14.1 万字）

△共 10 章：①德意志国的形成；②俾斯麦时代；③德皇时代；④第一次世界大战；⑤ 1918 年；⑥魏玛与凡尔赛；⑦兴登堡时代；⑧希特勒时代；⑨第二次世界大战；⑩德意志国身后的历史。

○这本书回顾了从普鲁士王国的“铁血宰相”俾斯麦如何创建德意志帝国，直到希特勒的第三帝国将日耳曼民族的国家带往毁灭之路的历史。读者通过与哈夫纳的精神对话，会对欧洲以及德国的历史有更深入的了解。

○俾斯麦担任首相以后，便在他著名的第一篇演说中表示：“德国所仰望于普鲁士的，不是自由主义，而是其实力”，以及“当前的重大问题不是靠演说和多数派决议所能决定的，而是靠铁和血”。

○“政治人物就好比是森林中的健行者，他固然清楚自己行进的路线，却不晓得将在哪一个地点走出森林……只要有任何解决方案能够让我们不必打仗就实现普鲁士的扩大和德国的统一，我都会欣然接受。”

○德皇则根本上就不想要危机，更遑论一场战争。

○野心家往往邪恶，而希特勒也不例外，这是毋庸置疑的事情。

○贫困、复苏中的民族主义和希特勒个人三项凑在一起之后，使得国家社会主义运动逐日上升为一股非常强大的政治势力。

（2018 年 7 月 4 日中午阅毕）

战争、枪炮与选票

（[英]保罗·科利尔著，吴遥译，南京大学出版社 2018 年版，17.2 万字）

△共 3 部分（10 章）：①否认现实：疯狂民主；②面对现实：残酷、野蛮又漫长；③改变现状：政府问责和安全防御。

○这本书对了解全球最落后地区的贫困状况、暴乱困境以及当前国际上有关干预的各种建议和措施，都具有非常重要的认识价值和指导意义。

○在极端贫困地区，越民主越容易出现暴力；而在相对富足的地区，越专制则越容易出现暴力。（人均年收入 2700 美元左右为分界）

○领导人必须首先塑造“民族国家”的想象，而后才能建立有效的民主。

○铸就国民认同，是政治领导人的使命。

○国家不穷，社会比较安定，实行民主是锦上添花；国家穷，社会较为动荡，实行民主无异于火上浇油。

○选票与暴力之选择：①翻开崭新的一页，做一个好政府；②欺骗选民；③让少数派来背黑锅；④贿选；⑤恐吓；⑥设置资格限制，把最强的对手排挤出局；⑦在统计选票时做手脚。

○领导人必须首先塑造民族国家，然后才有政权国家。

○不是枪炮杀人，而是人杀人。

○最核心的国家公共物品是国家安全，保障国家安全的办法就是增加军费预算。

○枪炮对于政治暴力无异于火上浇油，需要得到有效控制。

○ 15—29 岁的男子是危险的。

○最底层 10 亿人的国家政府在国际上没有力量。

（2018 年 7 月 27 日下午阅毕）

政治秩序的起源：从前人类时代到法国大革命

（[美]福山著，毛俊杰译，广西师范大学出版社2014年版，47.6万字）

△共5部分（30章）：①国家之前；②国家建设；③法治；④负责制政府；⑤迈向政治发展理论。

○事实上所有的人类社会都曾经过部落组织阶段，不过随着时间的推移，大多数社会发展出了政治机构，包括维持和平和统一法律的中央集权国家。某些社会继续向前，创造出了向公民负责的政府。我们将这些机构视为理所当然，但是在今天很多发展中国家，它们却依然付诸阙如，或不能运转，甚至经常给世界带来灾难性的后果。那么，为什么有些国家获得了成功而另一些则失败了？这本书的目的，就是详述那些已被视作理所当然的基本政治机构的起源，从而填补历史健忘症所造成的空白。

○在1992年出版的《历史的终结与最后的人》中，福山表达了这样一个石破天惊的观点，自由民主制代表了人类政治文明最后的形态，而自由民主制下的布尔乔亚代表了“最后的人”“历史终结论”。

○美国人抱怨美国受制于精英和利益团体。

○“战争创造国家，国家发动战争。”

○佛教更为仁慈、更为温和，它强调非暴力，以及轮回转生的更为可行。

○穆罕默德运用社会契约、实力、超凡魅力的组合，首先统一了争吵不休的麦地那部落，然后是麦加和周边城镇的部落，从而建成了国家层次的社会。

○传统社会的特征是：广泛的亲戚关系、宗教或亲戚的约束对市场交易设限，缺乏个人社会流动性，基于传统、宗教、超凡魅力的非正式社会规范。而现代社会是个人主义的、平等的，以优秀和市场为导向的、流动的，并以法理型合法性权威组建起来。

○教会本身就是前现代的家族组织。

○法治和政治负责制本身很好，但有时会搅乱卓有成效政府的运作。

○仅了解一个国家等于不懂国家。

○人类从未在无社会状态中生存。人类天生的社会交往建立在两个原则之上：亲戚选择和互惠利他。人类天生喜欢制定和遵循规范或规则。人类天生具有暴力倾向。人类天生追求的不只是物质，还有承认。

○宗教很可能植根于人的天性。

（2018 年 10 月 21 日晨阅毕）

两个世界间的托克维尔：一种政治和理论生活的形成

（［美］谢尔顿·S. 沃林著，段德敏等译，译林出版社 2016 年版，60.2 万字）

△ 5 部分（26 章）：①权力的过剩；②邂逅神奇；③美国的理论包装；④人物角色和理论的政治；⑤第二次美国之旅。

○关于美国政治理论的两本经典著作：《联邦党人文集》和《论美国的民主》。在学术界内外，托克维尔已成为当代美国政治话语中的固定角色。

○这本书用托克维尔的思想作为语境 / 文本，对自由社会从现代早期到现代晚期的发展进行反思。关于托克维尔的重要一点是，他毕生致力于向后探索贵族社会，以求抵御新形式之专制主义的方法。

○托克维尔："当代最令人震惊的一点是，人民和政府在引导政治和社会变迁方面的无力感。"

○现代性的奠基者中有培根、笛卡儿和霍布斯，这三位哲学家的一生几乎占据了整个 10 世纪。

○孟德斯鸠没有追随洛克或卢梭的道路，而是试图靠社会契约来订立统治的条件和界限，从而来避免专制。

○为自己贴上标签的"现代"开始意味着许多事物，包括对将风俗和传统拒斥为毫无思想的新思维方法的渴望。洛克就曾警告说："当理性不在时，追随习惯会导致巨大的荒谬。"

○托克维尔："民主是一个所有人或多或少都参与政治的社会状态。""如果我必须为人类的痛苦分类的话，我会将它们按以下顺序排列：首先，疾病。其次，死亡。再次，怀疑。""人们不能没有教条式的信仰，而且我会说人们需要它们。""我的情感和欲望常常高于我的力量。"

○一个社会越民主，它在理论上就越透明或越能被概括；它越不民主，则越模糊，越不能被概括。

○托克维尔："天意并没有创造完全独立或彻底奴役的人。事实上，天意在每个人周围画了一个他不能越出的命运之圈；在此圈广阔的界限内，人是强大而自由的，一个民族也是这样。""在美国，自由的习俗创造了自由的制度；在法国，只能是自由的政治制度创造实践。""为了了解一个民族的法律与民情，必须从研究其社会境况开始。"他认为，"公民们喜欢把真实的宗教作为他们信奉的宗教"并不十分重要。

○美国民主的阐释者。

（2018 年 10 月 28 日上午阅毕）

腐败史（上、中、下）

（[美] 克雷克·乔丹编，邱涛等译，中国方正出版社 2016 年版，51.1 万字）

△共 12 章：①腐败：一项分析图景；②中国帝制晚期的官吏和财富：动荡环境下的国家财政、个人预期与腐败问题；③ 1770—1850 年公权腐败概念的变迁；④黑金：二战期间希特勒对高级军官的贿赂；⑤腐败与民生的巩固；⑥诱惑或是被诱惑；沃波尔政治学中的腐败修辞和实践；⑦敲诈勒索成风的美国工会：20 世纪 30 年代卡车司机工会的腐败问题；⑧前途未卜的俄罗斯：二十年的反腐运动；⑨腐败的文化与文化的腐败：东印度公司与黑斯廷斯弹劾案；⑩混乱的街头：孟买、伦敦和纽约的警察，腐败与焦虑；⑪情感通货：论印度殖民时期的非正规资本积累；⑫西班牙和葡萄牙帝国晚期的商业腐败。

〇艾尔·卡彭说："有一件比一个骗子无赖更糟的事情，那就是一个不正派的人占据一个重要的政治职位。"

〇鄂尔泰（1680—1745），一个地位显赫、以节俭著称的总督，估计自己每年需要六千两银子来支付生活开支。

〇希特勒贿赂高级军官，他们在生日时会收到一张25万马克的免税支票。

〇腐败 = 垄断 + 自由裁量权 - 问责制。腐败会破坏（或取代）有序竞争，削弱制度。

〇民主一旦扎根，便能极其成功地抵制住腐败产生的最坏影响。

〇只要垂直权力结构在俄罗斯继续存在——不管它被叫作共产党还是总统制——滥用权力的现象必然难以根除。

〇这本书在一定程度上汇集了 20 世纪 90 年代末西方学者研究世界范围内一些主要国家历史与现实中腐败问题的具有代表性的成果。

〇如果政治和经济领域之间不存在合法通道，那么腐败的通道也就豁然洞开。

（2018 年 11 月 15 日晚上阅毕）

学术与政治

（［德］马克斯·韦伯著，冯克利译，生活·读书·新知三联书店 1998 年版，14.3 万字）

△两部分：以学术为业与以政治为业。

○研究韦伯者，无一不深知这两篇演说的重要性。因为他们不但浓缩了韦伯学术思想的精华，也由于他作为当时一名“精神贵族”式的德国知识界领袖，对其身边的思潮做出了十分个性化的回应，这是在韦伯其他学术著作中难得一见的。

○韦伯做出了著名的“责任伦理”和“信念伦理”的区分。

○科学不涉及终极关怀。

○价值的多元性。

○教师不应是领袖。

○单靠祈求和等待，只能一无所获，我们应当采取不同的行动。如果每个人都找到了握着他的生命之弦的守护神，并对其服从，这其实是平实而简单的。

○托洛茨基：“一切国家皆以暴力为基础。”

○以政治为业有两种方式：一是“为”政治而生存，一是“靠”政治生存。

○一切党派斗争，既是为客观性目标的奋斗，也是争夺官职授予权的斗争。

○虚荣是一种十分普遍的品性，大概没有人能完全摆脱它。

○“善果者，惟善出之；恶果者，惟恶出之。”

○政治是件用力而缓慢穿透硬木板的工作，它同时需要激情和眼光。

○作为一位现代性理论家的韦伯。

（2018 年 12 月 1 日下午阅毕）

理想国

（［古希腊］柏拉图著，刘国伟译，中华书局 2016 年版，30 万字）

△共十卷。故事以苏格拉底下到比雷埃夫斯为开场白，第十卷末尾，苏格拉底叙述英雄厄下到冥府观看灵魂转生，为全篇终结，比雷埃夫斯实际上就是指冥府；第一卷从债务话题谈起，而第十卷则以正义的讨债和临终审判收尾；第一卷与第二卷借色拉叙马霍斯、格劳孔、阿德曼托斯三人之口论证了“不正义”的优势，而第八、九卷对政体与人性的讨论则逐次驳回和宣布了不正义的败亡。

○对西方思想史具有非常的价值和意义，具有某种预言性质。它的思想实验的方法：抽象法开辟了现代自然科学、哲学、政治学、经济学、伦理学的方法基础。当东方在近代骤然经历政制的变更，显得缺少经验而掉入历史的泥沼时，这部古代希腊文献给人们以及各种现代政治一个政治思想参照体系。

○其思想庞杂、线索很多。这是一部也是第一部正义论兼善论。所谓“正义”，按照今天的话来说乃是“是其所是”。

○对话录。

○柏拉图（公元前 427 年—前 347 年），古希腊哲学的集大成者，西方理性主义的代表，西方学术体系的开创者，世界历史上最伟大的哲人之一。

○克法斯谈老年与临终亏欠。

○一旦他攫取了权力，就会迅即成为第一个行不义的人。

○人类本性中存在两种原则，一种是精神的，一种是爱智。……可以张弛有度，最终达到完全的和谐。

○饶恕永远是更好的选择。

○如果一个人在一个方向上愿望强烈，那么他在其他方向上就会弱，就像有一条通向其他水道的溪流把它们抽走了。

○不完美的事物不可能成为任何事物的标准。

○万物皆有善有恶。

（2018年12月4日下午阅毕）

政府论（上篇）

（[英] 洛克著，瞿菊农、叶启芳译，商务印书馆 1982 年版，4.5 印张）

△ 11 章：①论奴隶制与自然的自由；②论父权和王权；③论亚当由于为神所创造而享有主权；④论亚当由于神的赐予而享有主权（《创世记》第一章第二十八节）；⑤论亚当由于夏娃对他的从属而享有主权；⑥论亚当由于父亲的身份而享有主权；⑦论父权与财产权作为统治权的共同根源；⑧论亚当的最高君主统治权的转移；⑨从亚当承袭下来的君主制；⑩论亚当的君权的继承者；⑪谁是这个继承人？

○洛克的《政府论》两篇是在 1689 年和 1690 年相继写成和出版的。其基本精神在于对 1688 年刚刚结束的英国所谓“光荣革命”进行辩护和理论总结。上篇着力于驳斥保皇派菲尔麦鼓吹君权神授的王位世袭的反动论点，下篇则正面阐述洛克本人关于议会制度的政治理论。一般公认下篇更富有理论价值。

○理性把一个人提高到差不多与天使相等的地位，当一个人抛开了他的理性时，他的杂乱的心灵可以使他堕落到比野兽还要残暴。

○奴隶制是一种可恶而悲惨的人类状态，它同我们民族的宽宏性格与英勇气概直接相反，以致难以想象，一个“英国人”——更不用说一个“绅士”——竟会替它辩护。

○罗伯特·菲尔麦爵士的重要论点是，“人类不是天生自由的”。

（2019 年 6 月 29 日中午阅毕）

政府论（下篇）

（[英]洛克著，叶启芳、瞿菊农译，商务印书馆1964年版，5.75印张）

△ **19章：论自然状态，论战争状态，论奴役，论财产，论父权，论政治的或公民的社会，论政治社会的起源，论政治社会和政府的目的，论国家的形式，论立法权的范围，论国家的立法权、执行权和对外权，论国家权力的统属，论特权，综论父权、政治权力和专制权力，论征服，论篡夺，论暴政，论政府的解体。**

〇约翰·洛克（1632—1704）是17世纪英国资产阶级的自由思想家之一。他是英国1688年政变和资产阶级与贵族联盟的理论家和辩护人。

〇这本书是洛克的《政府论两篇》的第二篇，也是洛克的政治思想的主要著作之一。洛克在这本书中，试图以自然法学说说明国家的起源和本质问题，他从自然状态出发，批判封建极权制度，主张私有财产的不可侵犯、国家基于契约、立法权为最高权力、国家权力分立和人民有权反抗暴政等。洛克的这一著作在资产阶级政治思想上曾发生很大的影响。

〇洛克的理论工作是两方面的：一是破坏性的，二是建设性的。

〇要保护资产阶级的私有财产，什么形式的政府最适合呢？洛克的回答是：由民选的议会掌握最高权力的政府。

〇战争状态是一种敌对的和毁灭的状态。

〇政府的目的是为人民谋福利。

（2019年6月29日下午阅毕）

政府未来的治理模式（中文修订版）

（[美]彼得斯著，吴爱明、夏宏图译，中国人民大学出版社 2013 年版，23.7 万字）

△6章：①变迁中的国家、治理和公务员制度；②市场式政府；③参与式国家；④弹性化政府；⑤解制型政府；⑥结论。

○这本书从分析传统行政模式出发，阐明了各国政府竭力建构新治理模式的原因，并从各国政府的革新主张和主要发达国家的政府改革实践中，梳理归纳出四种未来政府治理模式：市场式政府（强调政府管理市场化）、参与式政府（主张对政府管理有更多的参与）、弹性化政府（认为政府需要更多的灵活性）、解制型政府（提出减少政府内部规则）。这四种政府治理模式各有不同的理论基础，适用于不同的政府体制。对每一种政府治理模式，从问题、结构、管理、政策制定和公共利益五个方面进行了深入分析。

○当今社会，政府行政体系与市场体系成为控制社会、影响社会的最大的两股力量。理论研究和实践经验表明，政府公共行政与公共管理体系在创造和提升国家竞争优势方面具有不可替代的作用。一个民主的、负责任的、有能力的、高效率的、透明的政府行政管理体系，无论是对经济的发展还是对整个社会的可持续发展都是不可缺少的。

○这是关于行政改革的一部理论力作。

○政府改革是一个持续不断的过程，而且几乎可以肯定的是，只要政府存在，这一过程就永远不会停止。

○弹性方法的基本设想是在政府内部采用可选择性的结构机制，以取代那些自认为拥有政策领域永久权利的传统部门和机构。因此该方法强调弹性，主张不断撤销现有组织。

○彼得斯是国际著名政府治理与改革问题的研究专家，美国匹兹堡大学公共与国际事务研究生院教授，兼任加拿大管理发展中心高级研究员、香港城市大学名誉教授等职。主要著作有《官僚政治》《公共政策工具：对公共管理工具的评价》《政治科学中的制度理论：新制度主义》《比较政治学导论》等。在这本书中第一次系统地评估了席卷全球的政府改革运动。

（2019 年 7 月 6 日晨 0:25 阅毕）

现代政治分析（第六版）

（[美]达尔、斯泰恩布里克纳著，吴勇译，中国人民大学出版社2012年版，18.9万字）

△4部（12章）：①基础；②政治体系：相似性与差异性；③政治参与和政治评价；④政治分析：为了什么。

○这本书构建了政治分析的框架、概念、要素，为政治分析提供了很好的视角，结构清晰，论述深入浅出，将政治学研究的各个重要问题勾勒出来了，并引用实例加以论证。

○影响力看上去有无数可能的形态和样式，往少了说就可以发现影响力和它的表兄弟——权力、控制、强制和暴力。

○“要么忠诚，要么退出。”

○人类行动者之间的这样一种关系，即一个或更多行动者的需求、欲望、偏好或意图，以一种与影响力施加者的需求、欲望、偏好或意图在方向上一致（而非相反）的方式，左右一个或多个行动者的行动或行动意向。

○一个政治体系是一个由相互作用的要素构成的集合体，而这一体系的部分或要素又是以个人或集体方式把影响力运用于个人和集体而构成的。美国政治体系包括国会（以及它的次体系）、总统（以及总统直属机构的次体系）、最高法院、政党、利益集团、选民、新闻媒体等。

○一般而言，人们所运用的影响力在量上的差异可以归结为三个基本因素：资源、技能、动机。

○要运用影响力，就要耗费政治资源。

○操纵、权力、强制和暴力，都是政治生活中常见的现象。

○政治体系的相似性：政治资源、占有的不平衡、寻求对于政府的影响力、对于政府的影响力的不均衡分布、对相互冲突的目标的追逐和处理、合法性的取得、意识形态的发展、其他政治体系的影响、变化的不可避免性。

○ 1/3 的国家够得上多头制称谓。

○政治，当然就是影响力的运用。

○个人为什么一定要参与政治：①看重将来得到报酬；②认为选项的不同是很重要的；③相信他们能够帮助改变结局；④认为如果他们不行动，结局就将难以令人满意；⑤具备与眼前问题相关的知识或技能；⑥在行动中只需克服较小的障碍；⑦受到别人的参与动员。

○政治和道德哲学是充满争议的。

（2019 年 7 月 6 日下午阅毕）

论大战略

（[美]约翰·刘易斯·加迪斯著，臧博、崔传刚译，中信出版社 2019 年版，33.6 万字）

△ 10 章：①穿越赫勒斯滂海峡；②长墙；③老师和约束；④灵魂与国家；⑤作为枢纽的君主；⑥新世界；⑦最伟大的战略家；⑧最伟大的总统；⑨最后的美好希望；⑩以赛亚。

○这本书呈现了大战略逻辑跨时空、跨领域、跨文化的交融与映衬。从 2500 多年前的希波战争，到第二次世界大战，从战无不胜的罗马帝国领袖，到改变美国命运的开国总统，加迪斯探究了那些伟大领袖和持久帝国的智慧、气质和勇气是如何塑造的。

○在加迪斯笔下，薛西斯一世、伊丽莎白一世、腓力二世、林肯、拿破仑等国家领袖，马基雅维利、奥古斯丁、伯里克利等政治思想家，化身为“狐狸”或“刺猬”，甚至是两者的综合体。“狐狸”追逐多个目标，思维零散、离心，却能根据对环境的敏感观察适时调整战略。“刺猬”日标单一，思维专注却固执，坚守一个不变的原则，以此规范一切言行。加迪斯认为，人的思维常处于刺猬式和狐狸式两种思维方式的对抗中，如果能把刺猬的方向感和狐狸对环境的敏感性结合起来，追求目标与能力的一致性，就能孕育出成功的大战略。

○好的战略之所以能沿袭千年，是因为在时代推移、技术迭代中能不断被反思、调整和重塑。但并不是只有国家才需要大战略，我们每个人都需要在事业和生活中实现目标与能力的平衡。这一战略思维将帮助我们强化权衡代价的意识，刺激我们对复杂环境的感知，从而达成心中所念。

○一种理论能否经得住考验，就要看其能否阐释过往。只有一种理论能够阐释过往，其对未来的预判才值得信赖。

○埃斯库罗斯的戏剧《波斯人》，剧中描绘了薛西斯一世狼狈不堪地跛行回到自己的首都的场景，那些早先对他赞誉有加的人纷纷扼腕叹息。

他的耳边萦绕着大流士的灵魂追悔莫及的警告：“作为凡人，我们永远不该将自己的想法拔得过高。”

○前者我们事先可以了解，后者是无法预测的。

○人类之所以能够存续，可能就要归功于我们能够在快思维和慢思维间灵活地切换，即在狐狸式行为和刺猬式行为之间灵活转换。

○未来根植于过去，却不同于过去。

○林肯自学法律和政治。他贪婪地阅读，记忆大量实用内容，并极为灵巧地学以致用。

○这本书认为，人的思维往往处于刺猬式和狐狸式两种思维方式的对抗中。如果把刺猬式思维理解为对战略目标和愿景的规则，把狐狸式思维理解为对自身能力的评估和调控，那么目标与能力的平衡即为战略。

○只要拥有常识，在目标与能力之间寻找到平衡点，往往就能成就一番事业。

（2019 年 8 月 3 日下午阅毕）

政治动物：落后思维如何阻碍了明智决策

（[美]里克·申克曼著，陈桂芳译，中信出版社 2019 年版，31.3 万字）

△ 4 部分（12 章）：①好奇心；②识人；③真相；④同理心。

○这本书基于进化心理学、行为学、政治学的视角，通过对政治文化生活的分析，解释了一些不符合逻辑的选择背后的隐形的力量。这本书提供了一种思维方式，以本能驱动的方法探索人类的思维深度，并告诫人们在面对复杂政治或面临决策时，多一些政治性，少一些动物性。

○影响我们做出决策的其实是本能，而不是大家所认为的理性推理。“我们现代人的头骨里住着一个石器时代的大脑。”政治是本能与高阶认知在大脑里进行的一场拉锯战的结果，而本能常常会占上风，影响我们做出明智决策。

○人类不是超人，即使是有天赋的人也不是超人。

○最亲密的 150 位朋友。

○了解一个人是很困难的。科学家称，我们对自己的了解也不是很深入。

○犹太人认为自己是“被上帝选中的人”，美国人认为自己很特殊，摩门教徒认为自己是“上帝的胚胎”。进化心理学家认为，目前还没有发现有哪个民族不觉得自己好的。

○进化生物学家罗伯特·特里弗斯说：“越聪明的孩子，就越爱撒谎；越聪明的物种，越会欺骗；欺骗可以帮助提升智力。”

○要想知道一个人是否会倾向于保守派，最好的办法就是看他去教堂的频率。频率越高，他就越倾向于保守派。

○万事皆有因。

○几百万年以来，经证明，家庭是最值得依靠的社会单位。家庭成员之间可以不计代价地互相帮助。

○自己的社会地位越高，给予社会地位低的人的同理心可能性就越小。

富人不太关注穷人的命运，这不仅是一种成见。

〇如果一座城市能将人们的生活区域和工作区域完美地结合起来，那么这座城市里的人便得以进步。

〇焦虑给了我们改变的动力，而且在大多数情况下都有效。

〇在政治中，愤怒总是激发仇根。

（2019 年 10 月 9 日下午阅毕）

民主的价值

（［美］伊恩·夏皮罗、卡西亚诺·海克考登主编，刘厚全译，中央编译出版社 2015 年版，23.6 万字）

△ 2 部分 10 节：1. 少数人的民主：①承诺与失望：对民主价值的再思考；②民主的少数主义者概念：一个辩护；③民主能产生正义吗；④民主及其他。2. 超越少数主义：⑤民主与发展：一个复杂的关系；⑥死亡与税收：抽取的平等与民主制度的发展；⑦民主与发展；⑧国家、公民社会与社会公正；⑨共和自由与竞争性民主化；⑩竞争性民主相对于所有人的真实自由。

○民主是一位有缺陷的霸主。共产主义的挫折，使民主在世界上大部分地区失去了重要的体制性竞争对手。民主的灵活性，对代议制平等的内在承诺，对反动派政治活动合法性的认可等，所有这些政治机构的民主特征，都不应该被轻易地打折或减损。但是，民主有许多不足之处。它非常容易被强大的利益集团完全挟持，它往往不能保护弱势群体，或者相反不能促进社会公正；并且它也不能很好地应对许多政治图景的表征。强烈的感受是，政治认同、勾画和重新划定疆界，以及全球环境问题，是其中最为急迫的。简而言之，尽管民主是有宝贵价值的，但是它不容易与其他的政治价值相适配，并且在很多方面都满足不了它所面临的需要。

○对于民主的探求，政治家注重民主的治理绩效，政治学家关注民主的价值规律，社会大众热衷于民主的生活方式。

○这本书在理论与实证方面，运用多学科的研究方法，探讨了世界各国的民主发展与价值问题，代表了欧美国家一流学者的研究水平。

○投票是一个意志对一个意志的强迫。

○达尔认为：民主通常被看成一个系统，在这个系统中，人们自己管理它，也就更有可能得到他们想要的或者他们认为最好的东西，这比由精英层决定何为最好的监护人制度更有希望。

○对于所有人而言，民主就是一切。

○在威权主义政体之下，民粹主义的压力不陌生，但是，在民主社会，更加均匀地分散赞助的要求更加难以抵制。

○自由主义者的观点，为了追求他们的目标，使个人和组织的自由最大化是正义的首要原则。

○哥伦比亚大学布兰·柏瑞："民主对什么有利呢？即便它只是保证了政府间和平有序的权力更替，与其他供选方案相比，这就足以使民主充满了吸引力。但是，许多人对民主寄予更多的希望。他们更倾向于认为民主与其他价值之间，比如自由、社会正义或者繁荣，能够通过适当的机构保持可以信赖的联系。"

（2019 年 11 月 11 日下午阅毕）

领导力与新科学

（［美］玛格利特·惠特利著，简学译，浙江人民出版社 2016 年版，18.3 万字）

△共 10 章：①发现有序的世界：控制式管理的困境；②量子时代的牛顿组织：组织关系与权力；③空间不“空”：无形的场与组织价值；④世界的参与特性：“好奇害死猫”与参与式管理；⑤平衡与变化：组织变革的关键法则；⑥信息的生命特征：组织沟通与信息管理；⑦奇异吸引子：混沌对领导者的启示；⑧变化是生命的本能：建立弹性组织；⑨科学管理 2.0：参与式管理与自主决策；⑩现实世界：救灾与反恐。

○从量子物理、自组织系统和混沌理论的角度去思考创新和发展。在任何一个组织里，领导者都必须用生物思维模式代替牛顿思维模式。

○用友用 20 年从“一间房”到“一栋楼”，发展到现在以“世界级”为关键词的“软件园”阶段。“简单的指导原则具有无比强大的威力。”尼采：“知道为什么而活的人几乎能克服一切问题。”

○在量子世界里，关系是决定万事万物的关键要素。

○新科学使我们懂得了：自主和简单化是我们与生俱来的最爱。

○世界上的万事万物都是无序中包含着秩序，秩序中也包含着无序。

○爱是权力最宝贵的源泉。

○由于权力是能量，它就必须在组织内流动，如果将组织改造为参与式管理或自助式管理团队，使权力能在组织中共享，往往会产生积极向上的创造力。

○组织所担心的环境问题是组织自己构造出来的。我们不要为弄清真相而进行无休止的争论，而要找出发挥效力的解决办法。

○建立愿景是在创造力量，而不是构建一个空间；是在创造影响，而不仅仅是设定一个目标。

○界限不仅是用来区分彼此的，而且也是沟通与交换的场所。

○自组织越自主，就越有秩序。

○停滞、平衡、均衡等都是暂时的状态，而动态、适应的创造过程将一直进行下去。

○乔普拉说："我们每个人都更像河流，而不是固化的实体。"

○重要的不是哪个人或哪个职位负责解决问题，最关键的是，哪些能量、技能、影响、智慧可用来解决问题。

○从本质上说，生命的过程就是组成模式的过程。

○系统是通过清晰的内核获得秩序的，而不是通过强加在外围的限制。

○领导者的责任首先是建立这些准则，然后是帮助组织遵守这些准则。

○如果一个系统运转不良，恢复良好状态的方法是在其内部建立更多的联系。

○指导科学探索的原则之一是大自然在各个层次上都具有相似性。

○在新科学的每一个分支，比如生命系统理论、量子物理、混沌理论、复杂理论中，我们都发现生命根本离不开"参与"。

○领导者要主动成为大家的帮手，只有这样，人们才会积极肯干，接受他们的领导。

○灾害发生时，最需要的就是快速反应。

○人们会自己找到解决办法，并且能利用好他们所提供的资源。

○生命中出现黑暗是再平常不过的事了；如果我们时不时地落入深渊，这也是毫不为奇的。

○未来世界将不再需要单一的技能型人才，而是需要具备完善的知识结构，极强逻辑思考力和高感知力的复合型人才。优秀的人往往通过阅读建立足够强大的抽象思维能力，获得异于众人的思考和整合能力。未来，将属于终身学习者！而阅读必定和终身学习形影不离。查理·芒格说："我这辈子遇到的聪明人（来自各行各业的聪明人）没有不每天阅读的——没有，一个也没有。巴菲特读书之多，我读书之多，可能会让你感到吃惊。孩子们都笑话我。他们觉得我是一本长了两条腿的书。"

（2017 年 12 月 2 日晚上阅毕）

五、经济学

极简 GDP 史

（[英] 黛安娜·科伊尔著，邵信芳译，浙江人民出版社 2017 年版，13 万字）

△共 6 个部分：①战争与萧条，GDP 的诞生（1700—1939）；②经济刺激，GDP 的狂飙（1945—1975）；③停滞泥潭，增长乏力时代的反思（1976—1994）；④重获生机，技术革命引爆生产率（1995—2005）；⑤大崩盘，充斥金融泡沫的 GDP（2005……）；⑥新方向，21 世纪的 GDP（未来）。

○ GDP 是用来衡量和比较国家运行状况优劣的手段。它是一个虚构的实体，这个概念的起源只能追溯到 20 世纪 40 年代。

○战争是发明之母。从因特网到特氟龙，从雷达到可编程计算机，莫不如此。GDP 赫然在列，它也是由第二次世界大战所孕育的诸多发明之一。

○美国在 1946—1952 年提供了 1480 亿美元援助，遭受战争重创的欧洲国家严重依赖马歇尔援助计划得以生存，并开展重建工作。

○凯恩斯理念的横空出世，使得政府在经济中起了至关重要的作用。通过扩大支出或减税措施，政府像掌握了某种魔法，可以不断刺激 GDP 一路向上。

○莎士比亚《哈姆雷特》："当悲剧来临的时候，不是单个来的，而是成群结队的。"

○通过世界各国 GDP 的增速来探究经济发展的奥秘，日益成为经济领域的显学。

○希腊悲剧有三大元素：傲慢、愚蠢和毁灭。

○ GDP 本质是工业革命时代的产物，主要针对物质化生产的经济体系而设计。20 世纪三四十年代的两大地震式事件：经济大萧条和第二次世界大战，促发了各国对国家经济全貌衡量指标的需求，最后 GDP 在和其他种种经济计算法的角力中胜出而一役成名。一句话，是历史选择了 GDP。

2000 年，美国经济分析局宣布 GDP 为“20 世纪最伟大的发明之一”。草率的抛弃和过度的推崇都是非理性的。

（2017 年 8 月 27 日下午阅毕）

历代经济变革得失

（吴晓波著，浙江大学出版社 2016 年版，22.3 万字）

△本书对中国历史上十数次重大经济变化的种种措施和实践作了系统的概述和比照，指明因革演变，坦陈利害得失，既高屋建瓴地总括了中国式改革的历史脉络，又剖析了隐藏在历代经济变革中的内在逻辑与规律。辩驳得失，以史为鉴，实不失为一部简明的“中国经济史”。

○管仲变法：两千多年前的“凯恩斯主义”；商鞅变法：命令型计划经济的鼻祖；汉武帝变法：顶层设计的集大成者；王莽变法：第一个社会主义者的改革；世民治国：最盛的王朝与最小的政府；王安石变法：最后的整体配套改革；明清停滞：大陆孤立主义的后果；洋务运动：缺乏现代性的现代化变革；两个民国：从极度自由到“统制经济”；计划经济：从自负到自毁的大试验；改革开放（上）：没有蓝图的改革；改革开放（下）：集体主义的回归。

○约瑟夫·熊彼特：“人们可以用三种方式去研究经济：通过理论、通过统计和通过历史。”

○中国历史上的众多制度创新，从本质上来说，都围绕着四大基本制度而展开，即郡县制度、尊儒制度、科举制度、国有专营制度。

○管仲的治国思想是“以商止战”。如何做到“顺民心”？“从其四欲”：百姓厌恶劳苦忧患，我就要使他们安逸快乐；百姓厌恶贫困低贱，我就要使他们富足显贵；百姓厌恶危险灾祸，我就要使他们生存安定；百姓厌恶灭种绝后，我就要使他们生养繁衍。

○儒家在经济治理上只有“三斧头”：一是“以农为本”，二是“轻徭薄赋”，三是“克己仁义”。

○毛泽东：“百代都行秦政法。”

○发展与稳定的辩证史。“发展是硬道理”，“稳定压倒一切”。

○王莽执政十五年，改革三战场：财政、土地、货币。

○中国历史上有过三次思想大解放时期，一是春秋战国，二是魏晋南北朝，三是20世纪初的民国初期，其共同的特征是，全都出现在中央集权瓦解或丧失的时期。

○中国历代城市化率：①战国15.9%；②西汉17.5%，唐20.8%，南宋22%，清6.9%，民国10.6%，1957年15.4%，1978年18%，2011年50.5%。

○王安石这样一个道德高尚、百毒不侵的人，勤勤恳恳、夜以继日地把国家搞亡掉了。

○ 1087年，意大利博洛尼亚城出现了人类历史上的第一所大学——博洛尼亚大学。

○在中国经济史上，有两种植物彻底改变了国家的命运，一是宋代的水稻，二是明代的棉花。水稻原产于亚洲热带地区，五代及宋代初期，香巴王国（今越南北部）的占城稻广泛引入长江流域。棉花原产印度，宋末元初，已在中国南方地区普及。

○洋务运动从制度建设的角度有四个缺陷：①缺乏制度上的顶层设计；②从未涉及财政、货币和土地政策；③洋务运动不是一个普惠性的经济振兴运动；④现代化有余，现代性不足。

○民国38年，其实有两个民国：1911年到1927年的北洋民国，1927年到1949年的国民党民国。

○财政、货币、土地、产业政策。

○两个永恒性的主题：分权与均富。

（2017年11月23日晚阅毕）

大变局与新动力：中国经济下一程

（厉以宁著，中信出版社 2017 年版，25.6 万字）

△全书共 7 章：①改革走过的路；②中国改革的理论创新；③大变局和新动力；④经济方式必须转变；⑤市场的道德与效率；⑥政府和企业该做什么；⑦中国经济的下一程。

○新人口红利："城归"，农村土地确权；职教，"新工匠精神"。

○水、土地、矿产等资源，只要是在技术创新条件下就不会枯竭，因为总有替代品。

○中国的三次突破：1949 年的制度突破，1979 年开始的体制转换，2003 年以后经济增长模式的改变。

○下一轮经济我们的突破口：新能源、新材料、生物科技、环保产业。

○城乡二元结构自古就有。从宋朝算起，至今已有 1000 年以上的历史。但当时尽管有城乡二元结构，却没有城乡二元体制。城乡二元体制是 20 世纪 50 年代后期才建立的。

○城镇化的速度在这 20 年内会加快。

○中国特色经济学的建设和发展：①农村家庭联产承包责任制是实践底色；②建立经济特区是为社会主义市场经济理论打开突破口；③国有企业股份制改革：国有企业改革理论丰富和发展起来；④从林权改革到农村土地确权：中国特色产权理论建立；⑤农村新气象和农民创业热：为人力资源理论增添新内容；⑥有中国特色的新型城镇化：孕育出中国特色城镇化理论；⑦精准扶贫：中国特色经济学要关注并推动实现共同富裕；⑧经济新常态和转变发展方式，开启中国特色经济学创新空间。

○体制转型，是从计划经济体制转向市场经济体制。发展转型，是从传统的农业社会转向工业社会。

○金融改革三目标：宏观目标要实现利率市场化；微观目标是银行经

济效益和社会效益两个效益并重，结构目标是走向实体经济。

○充分就业、物价基本稳定、经济持续增长、国际收支平衡、经济低碳化五大目标。

○最大红利是社会和谐红利。

○一个人信誉不好，影响个人的发展；而社会普遍缺乏信用，将影响社会的发展与进步。

○“中等收入陷阱”：发展的制度陷阱、社会危机陷阱、技术陷阱。中国可避免中等收入陷阱。

○从“旧资源红利”走向“新资源红利”。新的资源优势和资源红利都来自先进的科学、先进的技术，以及对这些科学技术的运用。

○厉以宁是中国久负盛名、对决策有深度影响力的经济学家之一。

（2017 年 12 月 29 日晨 0:30 阅毕）

道路之争：工业化还是金融化？

（江涌著，中国人民大学出版社 2015 年版，13 万字）

△共 8 章：①经济金融化是金融资本主义的基本特征；②经济金融化与新自由主义；③经济金融化与新殖民主义；④经济金融化祸害美国等西方国家；⑤经济金融化祸害相关发展中国家；⑥工业化能够彻底改变一国经济社会面貌；⑦中国工业化远未完成——还在路上；⑧中国工业化进程面临中断危险。

○世界发展史表明，工业化是现代化的核心，是一国实现繁荣富强的关键，工业化带来的收入潮水可以浮起港湾内所有的船，催生培育中产阶级，令整个国民经济受益；金融化根本上是零和游戏，只能让极少数人获益而绝大多数人受损，让中产阶级蜕变为负产阶级，固化无产阶级，恶化赌场资本主义，强化新殖民主义，让相关后进国家成为先进国家的经济附庸。

○金融化是金融市场、金融机构及金融业精英对经济运行和经济管理制度的重要性不断提升的过程，是金融资本对实体经济持续渗透、融合与操纵的过程，是金融资产阶级用金融资本的逻辑对整个国民经济进行格式化的过程。

○持续推进工业化是中国战略抉择：①工业化，在适度保护中成长；②渐进地、有重点地保护本国工业成长；③规制金融，节制资本，推进工业化，避免落入系列陷阱。

○今天，没有工业化就没有城镇化，城镇化是工业化的结果；没有工业化就没有信息化，工业化是信息化的前提；没有完成工业化，盲目推进金融化，必将令国家处于附庸与奴隶的地位。只有经历成功的工业化，现代化才有保障，人的现代化、企业的现代化、社会的现代化都离不开工业化。唯有经历工业化的成功洗礼，中国才有实现国家治理体系与治理能力的现代化的可能。

○实践表明：金融化，不再是经济自由主义者所鼓噪的“增长”“发展”“繁荣”的象征，而是“风险”“危机”“崩溃”的代名词。

○新自由主义的重构直接推动金融化进程。

○帝国，概指领土辽阔、人口众多、统治或支配多个民族或邦国、强盛一时的君主制政体国家。

○发展中国家的莘莘学子奔向美国精心设置的自由主义灯塔——芝加哥大学，满腹新自由主义经纶、豪情万丈的“芝加哥男孩”却帮助祖国与魔鬼达成了交易，使其落入了“中等收入陷阱”。

○通过引进—引进—再引进，中国工业化出现了“两头重大”（基础性行业和加工业）、“中间薄弱”（关键零部件、重要原材料）的状况，即“头重脚轻腰板软”。

○工业化强健筋骨，金融化积累脂肪。

○《世说新语》中“路边李苦”的故事所揭示的只是一种常理。人世间，凡是越有价值的东西，获取通常也越费周折。能轻易得到的，往往也不会有多大价值。

○有重点地弥补“工业 1.0”，夯实“工业 2.0”与“工业 3.0”，积极谋划与部署“工业 4.0”，将独立、自主、完整的工业化坚持到底。

（2017 年 12 月 30 日下午 3:50 阅毕）

二次开放：全球化十字路口的中国选择

（迟福林主编，工人出版社 2017 年版）

△共 8 章：①新十字路口的经济全球化；②“二次开放”的中国选择；③自由贸易战略引领经济全球化；④“一带一路”：经济全球化的新主角；⑤服务贸易：全球自由贸易的战略重点；⑥经济转型的决定性影响；⑦服务业市场开放的重大行动；⑧监管变革的政府担当。

○贸易保护主义冲击全球经济一体化进程，英国脱欧重创欧盟一体化进程；排他性区域自由贸易协定的强化；全球宏观政策的进一步分化。

○经济全球化的大趋势难以逆转。

○民粹主义指的是在社会中下层中流行的一种政治思潮，其特点是对公正缺失、贫富分化的强烈不满；对政治精英和知识精英思想的叛逆，以及对平等理想的追求，也称“平民主义”，是同“精英主义”相对立的。

○须主动推进从“一次开放”向“二次开放”的转型，以自由贸易区战略、“一带一路”倡议、服务贸易战略为重点，务实推进更深层次、更高水平的双向开放，赢得国内发展和国际竞争的主动。

○以主动开放抓住全球化新趋势，促进国际产能合作，避免发展停滞的风险。

○我国产生万亿级别消费规模的八大服务型消费：①信息消费；②健康消费；③旅游休闲消费；④教育消费；⑤养老消费；⑥文化消费；⑦体育消费；⑧绿色消费。

○我国金融业增加值在 GDP 中的占比已经超过 9%。

○汇市、债市、楼市、股市风险“交叉感染”。审批权与监管权不分是现行金融监管体制面临的突出矛盾。

（2018 年 1 月 26 日晚 11:30 阅毕）

中国的坎：如何跨越“中等收入陷阱”

（贾康、苏京春著，中信出版社2016年版，26万字）

△共6章：①如何看待“中等收入陷阱”；②那些成功跨越“陷阱”的经济体：英、德、美；③落入陷阱的前车之鉴；④中国已站在“陷阱”边缘；⑤推向边缘之力：严峻的时代元素与基本国情；⑥引领“新常态”和跨越“陷阱”之路：供给侧结构性改革。

○一类是通过引领产业革命而主要靠技术硬实力和制度软环境跨越“中等收入陷阱”的英国和美国；另一类是通过后发“追赶—赶超”综合升级而度过中等收入发展阶段的日本和韩国。

○“中等收入陷阱”所指的是增长陷阱，即中等收入阶段经济增长停滞徘徊状态，近五十年来仅有13个经济体成功跨越“中等收入陷阱”，分别为以色列、日本、爱尔兰、西班牙、中国香港、新加坡、葡萄牙、中国台湾、毛里求斯、赤道几内亚、韩国、希腊和波多黎各。

○科技改变世界，美国改变科技。

○正处于下中等收入阶段的经济体有49个，正处于上中等收入阶段的经济体有48个。

○拉美地区落入“中等收入陷阱”的原因：历史制度遗留；种族多样化；发展战略失误；政治动荡不安；不当的福利赶超。

○“亚洲四小虎”：泰国、马来西亚、菲律宾和印度尼西亚。

○中国在人口红利消失、劳动力成本上升、土地等自然资源稀缺性凸显、常规投资活动边际收益下降的过程中，依然具备了通过改革释放制度供给红利的巨大潜力。

○中等收入陷阱与“修昔底德陷阱”“福利陷阱”“塔西佗陷阱”的关联。

○所谓“守正”，就是政府要想更好地发挥作用的前提是要充分认识、适应和尊重市场规律、对市场要怀有敬畏之心，使市场机制在资源配置中起决定性作用。这是人类历史各经济体长期实践反复证明了的“共性”规律。所谓“出奇”，就是还必须充分认识和把握中国特色社会主义市场经济发展中必然要处理的特定“个性”，以成功的创新出奇制胜，在关于国情、阶段、相关制约条件、发展机遇的通盘理解与判断基础上，不是简单照搬他国的经验和自己过去的经验，而是建设性、创新性地打开“有效市场+有为和有限政府”合成的有效供给体系的潜能、潜力空间，在政府履行职能方面有意识地把“总量型”需求管理与“结构型”供给管理相结合，特别是把“理性供给管理”作为“十三五”时期中国经济升级发展、可持续发展的内在要求和重要组成部分。

○建立土地流转制度，培育人力资本，解除“金融抑制”，激发微观经济活力，建立健全配套制度。

（2018 年 1 月 29 日晚 11:15 阅毕）

博弈论讲义

（罗伯特·J. 奥曼著，周华任等译，中国人民大学出版社 2017 年版，7.4 万字）

△本书代表了博弈论这个领域的最初资料，主要内容包括策梅洛定理、非合作博弈、沙普利值、核心、市场博弈、冯·诺依曼–摩根斯坦解、谈判集和重复博弈等。其中的非合作博弈的纳什均衡和合作博弈的沙普利值是博弈中两个最经典的成就。

○罗伯特·J. 奥曼，2005 年诺贝尔经济学奖得主。美国和以色列（双重国籍）经济学家，以色列耶路撒冷希伯来大学合理性研究中心教授。

○博弈论是指具备不同利益的人的理性行为理论。

○囚徒困境：有两个犯人被警方逮捕，警方知道他们有罪但没有足够的证据去指控他们。警方要求他们揭发对方。这里有三种可能的情况。如果其中一个和警方合作，而另一个没有，这个结果对于和警方合作的犯人来讲是最好的，相反，对另一方来说则是最糟糕的。如果双方都如实交代，那么他们将不会被释放。如果他们都没有与警方合作，那他们将会被释放。

○相对较小的宗教性质的政党并不会聚集到一起，而是保持独立，游走于两大政党之间。

○纳什均衡理论奠定了现代主流博弈理论和经济理论的基础、非合作博弈的概念、内容模型和分析工具等已渗透到绝大部分经济学科领域，成为这些学科领域的基本研究范式和理论分析工具，从而改变了原有经济理论体系中各分支学科的内涵、纳什均衡和博弈论的桥梁作用，使经济学与其他社会科学、自然科学的联系更加紧密，形成了经济学与其他学科相互促进的良性循环。

○合作博弈在理论中的重要突破及其后续发展在很大程度上起源于沙普利值和解的概念及其公理化刻画。

（2018 年 3 月 4 日上午阅毕）

新经济学

（[英]戴维斯主编，张慧玉等译，中信出版社2016年版，24万字）

△共3篇：1.华币银行与危机；2.企业就业与薪酬；3.经济学的未来。从全球的视角深入浅出地剖析日常生活中的经济学点滴，可从耳熟能详的生活小点滴中参悟大经济的来龙去脉。

○比特币和电子货币、新货币。

○金融合约在人类7000余年的发展历史上发挥着重要的作用。

○家庭和企业的应对办法是“去杠杆化”，即设法减轻债务负担。其中有三种方法可供选择：违约、资产出售或量入为出（还可用收益偿还债务）。

○作为一个费解的混合体，银行是资本主义一个核心性的特殊机构，连接着储蓄者和借款者。“是否有办法在不扼杀放贷的情况下让银行更安全？”

○将股份作为报酬，把劳动者变成资本家。

○配第，1623年，经济学创始人，法国人。

○ GDP的现代历史始于美国大萧条。1929年经济开始衰退时，政策制定者能采用的衡量手段非常有限，他们运用了股价、工业生产和交通数据，但基本也仅限于此。西蒙·库兹涅茨在1934年的一份报告中给出了能恰当诊断经济问题的细节，随之产生的新国民收入以及产生账户都分别按照行业和部门来衡量收入和生产，新的衡量方式也产生了，其中就包括GDP。剑桥大学的理查德·斯通为英国开发了一个类似的系统，该系统在1947年被联合国采用为首个“国民账户系统”（SNA），成为衡量经济活动的一套国际标准。

○当商业开始走向电子化时，经济学家就预测这会给消费者带来两大好处：商品价格会降低，也会更统一；消费者的选择也会变多。

（2018年4月1日下午阅毕）

癫狂与理智：你不得不知的世界金融史

（张志前著，社会科学文献出版社 2017 年版，14.5 万字）

△全书共 36 篇短文，分为起源篇、事件篇、人物篇和机构篇。起源篇分别介绍了中央银行、保险、典当等金融行业的起源；事件篇介绍了影响世界的金融事件，包括欧洲历史上的三次金融危机、美国银行危机等；人物篇介绍了影响世界的金融人物，包括罗斯柴尔德、索罗斯、弗里德曼等；机构篇介绍了世界著名金融机构的发家史，包括纽约证券交易所、高盛、瑞银、穆迪等。

○金融是指货币资金的融通，它是市场经济发展到一定阶段的必然产物。在经济的发展过程中，以货币为媒介的商品交换打破了直接的物物交换。随后信用的发展又令货币与商品的交换在时空上的限制进一步放开，以至即使在交换双方商品所有权转移后市场仍然继续存在，由此货币也逐渐作为一种可有偿转让的特殊商品成为市场交易的对象。于是，从商品流通中独立出了一种特殊的商品——货币资本，金融也开始具有真正独立的意义。

○邓小平讲，金融是现代经济的核心。掌握基本的金融知识，是作为一个现代人应该具有的知识素养，也是分析判断经济形势的必备基础。

○虽然比瑞典设立的央行晚了近 40 年，设立于 1694 年的英格兰银行，由于其体系完备、运行稳健，仍然被认为是现代中央银行的鼻祖。著名史学家奇波拉说："在英国，如果没有金融革命，就没有工业革命。"

○官商不分使得东印度公司成为英国殖民者统治和掠夺殖民地的工具，而东印度公司对印度的行政管理成为英国公务员制度的原型。

○ 1666 年 9 月 2 日，伦敦发生大火灾。1680 年，巴蓬医生和他的四个朋友出资 4 万英镑开办了世界上第一家火灾保险营业所，后更名为"凤凰火灾保险公司"。巴蓬本人也被誉为"现代火灾保险之父"。

○先有典当，后有银行。我国最早的典当出现在南朝时期，当时是由寺院经营的质库。

○没有典当就没有哥伦布航海。西班牙女王伊莎贝拉典当自己的首饰和珠宝作为哥伦布探险筹资的一部分，这才最终促成了哥伦布在人类历史上的这一壮举。

○黄金天生是货币。美、德、意、法、中（1054.1 吨，2011 年）为黄金储备最多的国家。

○信用卡，俗称“透支卡”，就是说用户不用先存钱，便可凭卡内的有效信用额度，享受先消费、后还款的超前消费方式。

○发生在 17 世纪 30 年代的荷兰郁金香泡沫，与法国的密西西比公司泡沫、英国的南海公司泡沫，一起被称为世界最早的三大泡沫事件。从人类历史上第一个泡沫事件就可以看出，贪婪和恐惧是人类内心的两个魔鬼，是一切泡沫事件的根源。

○丹尼尔·笛福的《鲁滨孙漂流记》中有这样一段话：在不同的环境下，人的感情又怎样变幻无常啊！我们今天所爱的，往往是我们明天所恨的；我们今天所追求的，往往是我们明天所逃避的；我们今天所愿望的，往往是我们明天所害怕的，甚至会吓得胆战心惊。股票市场就是这样一种东西。

○ 1913 年，美国建立了联邦储备银行。它是以私有形式组织行使公共目的的政府机构，政府不拥有美联储的股份，但美联储 94% 的利润要转交给美国财政部，剩余 6% 用于给会员银行发放股息。

○房地产泡沫不可怕，可怕的是泡沫破灭。

○负债过高而被收购的地域：纽芬兰岛。

○文艺复兴背后的金融支持者：美第奇家族。

○约翰·劳是 18 世纪的金融家，他使法国一贫如洗。

○汉密尔顿为美国构建的货币金融体系有五大支柱：①统一的国债市场；②中央银行主导的银行体系；③统一的铸币体系；④以关税和消费税为主体的税收体系；⑤鼓励制造业发展的金融贸易政策。

○两个超级大国：一个是美国，一个是穆迪。

〇严格保密的瑞士银行。

〇格莱珉银行的成功正在无可辩驳地印证着尤努斯的理论：人类的信贷权利是摆脱贫困的社会基本要求。

（2018 年 8 月 26 日晚上 11:40 阅毕）

超越：技术、市场与经济增长的历程

（许涛著，社会科学文献出版社 2018 年版，43.5 万字）

△这本书通过对经济史和科学技术史的梳理，提出超越式经济增长的概念，并指出突破型技术创新引发的产业革命和市场容量的不断扩大是实现超越式经济增长的两大推动力量。全书共 15 章。

○经济增长的核心是全要素生产率的提高，全要素生产率的提高首先需要生产工具的改善。

○城镇化是一个国家内部市场容量扩大的过程，而全球化是一国市场容量外部扩展的过程。

○经济活动的本质是人类社会通过自己的知识和能力利用自然资源获得福利的过程。

○技术创新尤其是突破型的技术创新，是经济增长的主观原动力，而市场容量则是经济增长的客观原动力。

○超越点亮梦想，超越成就未来。

○实现超越式经济增长：①突破型技术创新的产生及应用；②巨大的市场容量。

○三次技术革命：蒸汽技术；内燃机的发明、电力技术革命；信息和远程通信技术革命、生物技术革命、新材料和新能源技术革命、海洋技术与空间技术革命。

○在世界经济舞台上，国家间竞争的利器仍然是生产率，拥有更高生产率的一方往往会成为竞争的胜利者。

○技术创新通常要经历三个阶段：实验室研究、开发研究和产业化、商品化阶段。

○蒸汽机、内燃机、电力技术、化学工业技术、电子技术、互联网技术都具有突破型技术创新的特性。

○洛克菲勒认为："经济的成功不是来自别人已做得很好的事情，而是来自别人不能做或者做不好的事情。”

○技术创新必须与现实的生产需要紧密结合起来才具有经济价值。而这一过程需要有人、财、物不断地加入其中：这是一个持续的集体行为过程。

○市场容量即市场规模，包括目标产品或行业在指定时间内的产量、产值等。决定市场容量或规模的要素有三个，即购买者数量、购买力和购买欲望。

○凡是正在迅速崛起的经济体，一般都在积极推动全球化，以寻找国际市场快速发展自己的优势产业；凡是正在走向衰落的经济体，一般而言都会采用保护主义措施，以保护自己的弱势产业。

○美国建国200多年来的经济发展历史，也是一部高扬进取精神的创新、创业史。美国是在学习和引进欧洲最新科技成果的同时，大力开展应用研究，并在尖端领域有所突破，才使自身的应用科学和工艺技术达到了世界先进水平。

○高技术是指基本原理主要建立在最新科学成就基础上的技术，是“尖端”“前沿”“先进”的技术。高智力、高投资、高风险、高收益、高竞争、高渗透、高战略。如：电子信息技术（ICT）、新材料技术、新能源技术、生物技术、海洋技术、空间技术。

○苏联的前身是具有深厚封建性的落后的资本主义国家——沙皇俄国。

○只有紧跟潮流、推动潮流，才有机会超越；只有永远面向未来，才可能拥有未来。

○在发达经济世界，“新常态”可概括为“一低两高”，即低增长、高失业和高债务。

○技术追赶型模式、技术领跑型模式。

○城镇化，城市群是一个区域内形成的相关城市集合体，是城市在区域空间形成的高级形态。积极推进城镇化：①要坚持改革创新，使城镇化与工业化、现代化相匹配；②要逐步废除户口制度，推进市民社会建设；③重点要解决好农民工市民化的问题。

（2018年9月6日中午阅毕）

我们学到了什么？

次贷危机后的宏观经济政策

（[美] 乔治·阿克洛夫等著，周端明等译，中国人民大学出版社 2017 年版，29.1 万字）

△共 7 篇（29 章）：①货币政策；②宏观审慎政策；③金融监管；④财政政策；⑤汇率安排；⑥资本账户管理；⑦结论。

○没有金融周期的宏观经济学就像没有王子的《哈姆雷特》一样。

○债务阴影下的财政政策：凯恩斯过剩理论仍然有效；财政政策应该当作一种稳定工具使用；巨额债务是理性经济政策的制约条件。

○欧洲必须集中精力实施结构性改革，解决影响长期经济增长、增加社会凝聚力以及增强信心的关键性问题。

○在固定汇率情况下，避免过度借贷是非常重要的；需要有一种方法缓冲大的冲击。

○将各个国家联合在一起的努力反而可能会引起国家间摩擦的大幅度增加。

○欧元的创造是货币史上最具革命性的进步。

○应清楚地回答如下问题：证券化的正确角色，衍生工具的恰当范围，市场与银行的角色，以及影子银行与传统银行的角色。

○市场是不稳定的、无效的或者无法自我纠错的。

○比去杠杆化和资产负债表危机更重要的是：结构转型的必要。

○传统的盯住通货膨胀的政策的局限性，宏观审慎工具以及它们的有效性，财政刺激、公共债务与财政整顿，汇率安排等。

（2018 年 9 月 29 日晚阅毕）

持久和平的经济基础

（［英］詹姆斯·E. 米德著，高歌译，中国人民大学出版社 2017 年版，7 万字）

△共 10 章：①序篇；②自由经济与计划经济；③国际货币；④浮动外汇汇率；⑤国际贸易；⑥国际资本流动；⑦外汇管制和清偿协议；⑧国际人口流动；⑨殖民地和原材料供给；⑩总结与结论。

○这本书的主旨在于讨论新国际秩序赖以建立的经济基础。

○这本书的初版是在 1940 年，提出了第二次世界大战结束时新国际秩序应当建立的基础原则。本书对在分裂的国家经济体系之上构建这种国际秩序的可能性给予了特别关注。很显然，作者将理论分析与对战争前夕经济形势的描述相结合，以经济学家和非专业读者都同样易于理解的语言风格进行写作。

○“从某种程度上，国际冲突的原因，在性质上是经济性的。正由于此，只有建立在一个稳定、公正和有效的经济基础上的国际组织，才能实现其主要的政治任务。”

○詹姆斯·E. 米德，1977 年诺贝尔经济学奖得主。他曾在日内瓦国际联盟经济部和英国政府部门工作。他被视为西方国际经济宏观理论和国际经济政策领域的开拓者。

（2018 年 9 月 30 日晨 0:45 阅毕）

经济学说方法论

（董瑞华、傅尔基著，中国经济出版社 2001 年版，44 万字）

△共三篇（26 章）：①上篇：近代西方经济学说方法论；②中篇：现代西方经济学说方法论；③下篇：马克思主义经济学说方法论。

○方法论是关于方法的理论。

○重商学派、早期古典学派、重农学派、古典学派、庸俗学派、历史学派、奥国学派、数理经济学派、美国学派、剑桥学派之方法论。

○瑞典学派、凯恩斯学派、新古典综合派、新剑桥学派、弗莱堡学派、罗斯托学派、现代货币学派、理性预期学派、供给学派、制度学派、公共选择学派之方法论。

○马克思主义经济学、苏联学派经济学、东欧学派经济学、毛泽东经济学、邓小平经济学之方法论。

○毛泽东经济学方法论的具体方法：①调查研究的方法；②矛盾分析的方法；③分析和综合的方法；④抽象和具体的方法；⑤历史和逻辑的方法。还有①比较、反复的方法；②全面系统的方法；③定性定量的分析方法；④动态论方法；⑤试点的方法。

○邓小平经济学的具体方法：①实事求是，一切从实际出发；②把实事求是与解放思想联系起来；③不断创新的方法；④矛盾分析的方法；⑤全面系统的方法。

（2018 年 10 月 1 日下午阅毕）

负利率时代：货币为什么买不到增长？

（[美] 穆罕默德·埃尔－埃理安著，巨澜译，中信出版社 2017 年版，19.5 万字）

△这本书以 2008 年金融危机时的应对措施为切入点，解释了中央银行为什么以及如何扮演起举足轻重的政策行动者角色。共 7 个部分（35 章）：①创作缘起；②央行的上升、崩溃和复苏；③从“是什么”到“怎么样”；④前进的理想方式；⑤从应该发生什么到可能发生什么；⑥关于双峰分布；⑦最后总结。

○马丁·沃尔夫：“财政之道不在多，在精。”

○拉里·萨默斯：“依靠央行的应急措施来提高增长的机会基本上已经穷尽。”

○“有时候正是那些最意想不到的人，能做出最超乎想象的事。”

○琼·罗宾逊：“踩刹车时火车会停止前进，这个没错；但如果认为火车前进的原因就是拆掉了刹车，就未免太愚蠢了。”

○迈克·泰森：“每个人都有一个完美的计划，直到被一拳打中下巴那一刻。”

○艾伦·凯：“预测未来的方式，就是去创造未来。”

○吉姆·格兰特：“激进的货币干预政策的病毒已经侵入到世界政治的血液之中。”

○伊恩·布雷默：“我们现在生活在一个‘零国集团’的时代，没有任何一个国家或国家集团拥有或将会拥有一个可以驱动国际议程的政治和经济杠杆。”

○“盲人骑瞎马，怎么能找得到路。”

○马丁·路德·金：“你没有必要看到整个楼梯，你只需要迈出第一步。”

○认识盲点，克服偏见。

○“生存下来的物种不是最强壮的，也非最聪明的，而是最能够适应

改变的。”——达尔文

〇未来的一切还都是未知，它取决于家庭、投资者、公司及政府如何去选择。

（2018年10月10日中午阅毕）

邹至庄解说中国经济

（［美］邹至庄著，中信出版社 2017 年版，11 万字）

△共 3 篇：①经济解释；②经济分析；③经济政策。这本书是邹至庄近年来研究成果的合集。以中国改革开放三十多年来经济取得长足发展为背景，立足于自身六十多年来对中国经济改革发展的研究和全程参与，从经济、法治、教育、环境、制度等诸多角度，全面解说和评析中国经济。

○物质资源和人力资源是从历史积累而来的。中国有悠久的历史，积累了充足的文化和人力资源。人力资源不但是近四十年来中国经济快速发展的重要原因，也是中国今后能成为世界第一经济强国的原因。

○美联储之任务：控制失业率、稳定物价、稳定金融市场。

○“你们的成就就是‘事在人为’的表现。”

○ 1907 年清朝大臣梁燕孙推动和协助一些企业家建立了交通银行。

○应当考虑减小对孩子的压力，鼓励孩子在学习时有机会自由发展他们的兴趣，使他们成长时能根据自身的天赋早些发挥独立的思维和创造能力。

○中国经济为什么发展得那么快？①实行了市场经济；②有充分的人力资源；③还处在初级的发展阶段，可以引进和利用先进的技术。

○不让各大学自由决定供应大学教育所需的各种要素，如教授、教材和学校规模等，便会降低大学教育的质量。

（2018 年 10 月 16 日中午阅毕）

经济的限度

（汪丁丁著，中国计划出版社 2017 年版，14.4 万字）

△汪丁丁 2010 年以来撰写的文章选编。如：中国奇迹的历史与未来；大国为何无以师小国；正义与人生的中国式思考。人类创造性的两大前提；互联与深思；复杂思维为何艰难；竞争与合作；互替与互补；自由与自律。行为金融学基本问题；美食经济学；收入分配与正义诉求；资本与财富等。

○企业家获得利润，是因为企业家能力的稀缺性。同样，政治家获得利润，是因为政治家能力的稀缺性。

○一个社会的精英不失灵，需要同时满足三项条件：①保持对重要问题的敏感性；②有能力通过对话达成共识，不必达成全体一致的同意，此处共识的程度旨在动员足够的政治资源以求解达成共识的基本问题；③求解基本问题确实缓解或改善了社会状况，从而不致发生社会革命。

○创造性的两大前提：联想、判断。

○那些具有原创能力从而思维过于发散的人，与普通人相比更容易精神失常。

○原创思想至少有三种来源：神启、天才、发散性思考。

○如果一个社会陷入完全无序状态，它就很难保护或鼓励原创观念或具有极强创造性的人物的生存。另一方面，如果一个社会只停留在洞穴时代，从无可能获得新鲜的与众不同的信息，那么它也很难产生原创观念。

○吉尔兹描述说："人是悬挂在意义之网里的动物。"

○心理学家西蒙告诉我们，人类认识世界，总是首先有一团混沌的整体，在日用情境中熟悉了之后，整体或许逐渐有了内部结构。

○必须有激情的生活。否则，因缺乏创造，你的生活就会有无数"不能承受之轻"。

○寻找，意味着不重复别人的生活。

○学者的头脑，哈耶克分为两种：模糊型和清晰型。

○德鲁克认为：当大公司崛起并且不能融入本土社会时，本土社会将逐渐解体。

○中国社会的基本问题是深层情感方式与表层生活方式的冲突，等待未来可能涌现出的生活方式，是求解这一问题的唯一合理想象。

（2018 年 10 月 17 日中午阅毕）

回荡的钟摆

（许小年著，中国计划出版社 2017 年版，20.6 万字）

△共 4 个部分：①中国：形势与对策；②改革：政策与实践；③企业：转型与创新；④学理：常识与洞见。

○政府管得越多，就越是压制了民众的想象和创造力，对创新转型就越不利。

○惜贷意味着债务人不能借新还旧，现金流雪上加霜，由此而加速债务危机的爆发。

○人民币可能会进一步贬值，但在中短期没有崩盘的危险。

○只要官员不再热衷那些不着边际的规划，不再制造更大的泡沫；只要学者不再以治国平天下的情怀空谈裤腰带的松紧；只要企业不再盼望政策的刺激和政府的救援；中国的企业和经济就有希望。基层经济的活力、企业的活力是一切之根本，是我们的希望之所在。

○历代改革只有一头一尾成功了，也就是商鞅和秦孝公的变法、邓小平的改革开放成功了，其余的改革或变法都宣告失败。

○王安石自以为聪明，大搞顶层设计，用政府取代市场。政府取代市场会碰到两个问题：第一，政府官员不了解市场的运作，顶层设计的方案往往不具备实际可操作性；第二，激励不协调，用民间的俗话讲，上下左右拧着劲儿，不能调动基层的积极性，也就不能提高效率和做大蛋糕。

○宰相拗不过市场。王莽推行全面的国家经营，叫作“五均六筦”。所谓“五均”就是均物价，“六筦”就是政府垄断经营。

○“历史不会重复”，但历史背后的逻辑有可能重复，世界各国的历史不同，但可能存在共同的逻辑。

○没有政治体制改革的配套，任何经济上的变化都很难成功。

○供给侧改革之建议：全面减税；减小国有经济的规模，打破行政垄断，创造新的投资机会和就业机会；有效保护私人产权，坚定民间信心，鼓励企业做长期的研发投资，加快创新的步伐。

〇读史未必使人聪明，忽视历史却是不可饶恕的愚蠢。

〇城镇的聚集效应：规模经济效应；社会分工效应；节省交易成本；技术溢出效应；启发和激发创新。

〇在常识的基础上重构宏观经济学。常识：①中央银行印钞票不能创造价值；②财政部门不创造价值；③中央计划配置资源的效率不可能比市场高；④由于货币政策不创造价值，由于财政政策不创造价值，由于中央计划配置资源的效率比市场低，所以经济的增长是不可能依靠宏观政策来实现的。

〇从秦到清不是封建主义，是专制主义。

〇现代社会的三个子系统：以平等的个人权利与自由为核心的观念子系统，宪治、民主与法治的政治子系统，以及自由市场为基础的经济子系统。

〇现代制度体系的特点一是高效，二是稳定。

〇许小年认为，儒家、市场、毛泽东时代的政治制度，三者互不相容。

（2018 年 10 月 17 日中午阅毕）

经济发展理论

（[美]约瑟夫·熊彼特著，王永胜译，立信会计出版社2017年版，22.8万字）

△共6章：①给定环境制约下的经济生活的循环流转；②经济发展的基本现象；③信贷与资本；④企业家利润；⑤资本的利息；⑥商业周期。

○解决中国经济所面临的两个问题：①经济潜在和实际增长率的持续降低；②颠覆管理思想，告别创新者的窘境。

○李克强总理在第八届夏季达沃斯论坛上指出：中国经济每一回破茧成蝶，靠的都是创新。创新不单是技术创新，更包括体制机制创新、管理创新、模式创新。

○经济生活的任何地方，即使是交换经济中，生产出来的生产资料也只是短暂的物品。

○弗里德曼："在每一社会中，收入分配都是不满的主要根源。在指令性经济中是这样，在市场经济中也是这样。每个人都总是知道他应该得到比他实际所得更多的东西，而别人只应该得到比其实际所得更少的东西，这是人的自然本能"，"经济力量能够广泛地被分散开来。并没有一个守恒规律来规定：新的经济力量的中心的增长必须以牺牲现有的中心作为代价"。"资本的可得性尽管十分重要，但却是一个次要问题——如果经济发展的其他条件业已成熟，那么资本将很容易得到，那么所得到的资本将很有可能遭到浪费。""企业家取得收入的多寡，取决于他们拥有的各种要素的多寡，以及各种要素的市场价格，当然在这里他们拥有的最重要的生产要素就是组织一个企业，协调各种生产资源，承担风险所需的'企业家才能'。"

○所有的知识和习惯一旦被获得，就会在我们的心里根深蒂固，如同铁路的路基根基于地面。这些知识和习惯不需要不断地更新和有意识地再建，而是深藏于潜意识的底层，它通常可以通过遗传、教育、培养和环境的压力被传递下去，而这个传递的过程几乎是毫无阻力的。

○没有发展就没有利润，没有利润也没有发展。没有利润，也不会有财富的积累。

○从经济增长到结构性改革，从经济转型到宏观调控，从企业创新到企业家精神，新常态下，他为世界性经济衰退开出了治标治本的“药方”。

（2018 年 10 月 21 日中午阅毕）

薛兆丰经济学讲义

（薛兆丰著，中信出版社 2018 年版，35.5 万字）

△共 10 章：①稀缺：为何商业是最大的慈善；②成本：不要只盯着钱；③需求：好东西运到远方去；④价格：如何减少竞争的无谓损失；⑤权利：自由不等于免费；⑥耐心：想象力决定生产力；⑦供应：好钢用在刀刃上；⑧信息不对称：谁的话语权更大；⑨合作：为何同工不同酬；⑩协调：众人如何彼此影响。

○人类面临的四大基本约束：东西不够，生命有限，互相依赖，需要协调。

○破窗理论变种之一：国家发展；之二：工人就业；之三：节省物质。

○小圈子靠爱心，大世界靠市场。

○只要做到边际成本等于边际收益，人们就能取得收益的最大化。那么随着计算机和人工智能的普及，我们对人类未来的需求和供给的预测会不会越来越准确？新的计划经济时代会不会到来？其实，人类社会要解决的问题，不是边际平衡的问题，而是怎么应对变化的问题。

○人类的雄心：预测未来，推知过去。

○暴力依然是非常重要和常见的竞争规则。

○城市，人口高度集聚的地方，能够提供比别的地方多得多的机会。

○权利来自人类的经验，尤其是那些惨痛的经验、那些巨大的错误。

○产权三个要素：使用权、收益权和转让权。

○做学问的基本信念：相信凡事皆有规律。

○品质稳定才是优质。

○只有没有前途的人才是真正的穷人。

○冲击无处不在，经济周期是很自然的事。

○中国在改革开放以来，之所以取得这么伟大的经济成就，最重要的是做到了四件事情：①给重要的资产确权；②引入市场竞争机制；③鼓励民营企业的发展；④加入了世界贸易组织，让中国人民直接参与国际化的大合作。

○作者的愿望是，每个中国人都能体验经济学带来的乐趣，具备经济学的思维。

（2018 年 12 月 15 日下午阅毕）

经济学笔谭

（王东京著，人民出版社2016年版，26.4万字）

△共18部分：①古典名篇：亚当·斯密《国富论》、李嘉图《政治经济学及赋税原理》、马克思《资本论》；②经济学裂变；③回归斯密；④制度学派崛起；⑤20世纪四大假说；⑥疑点与发现；⑦经济学定理；⑧曲线与模型；⑨最优分配原理；⑩财政牵系国运；⑪税收取用之道；⑫金融中枢；⑬保险市场；⑭风险与监督；⑮政府千能；⑯自由经济浪潮；⑰科教兴国；⑱西方农业启示。

○懂不懂经济，要看是否了解基本的经济理论，能不能运用这些理论驾驭经济工作，按经济规律办事。

○19世纪后半叶，是人类历史长河中汹涌澎湃、风雷激荡的时期：资本主义完成了从自由竞争向垄断的过渡。

○《福利经济学》萌生国家干预。

○罗斯福连任三届美国总统后，曾有记者问他有何感想，总统一言不发，只是拿出一块三明治让记者吃。这位记者不明白他的用意，又不便问，只好吃了。总统又拿出了第二块，记者还是勉强吃下。没料到，紧接着又来了第三块，记者为不撑破肚皮，赶紧婉言谢绝。这时罗斯福微微一笑："现在你知道我连任三届总统的滋味了吧。"这个故事，揭示了经济学中的一个重要原理：边际效用递减。

○经济计划必然导致政治集权。政治上的专制，又会产生"当代蒙昧主义"。

○实际上，"尺有所短，寸有所长"，私有制并非万验灵药，公有制也有强大的生命力。

○是什么创造了美国的黄金时代，使其产生出如此大的魅力？弗里德曼1979年《自由选择》中说，秘诀绝不是中央计划经济，而是经济自由和政治自由的结合。

〇有闲阶级的产生和所有制的出现，是同步进行的。人为财死，鸟为食亡。私有制一旦出现，人类就围绕财富的占有，展开了旷日持久的争夺。

〇通过转移支付、社会救助，才能使寒者得衣，饥者得食，残者得助，老者得养，才能使社会公众获得普遍的福利。

〇搞工业化最紧要的是人才和技术。

（2018 年 12 月 16 日晚上阅毕）

自由选择

（[美] 弗里德曼著，张琦译，机械工业出版社 2018 年版，21.5 印张）

△共 10 章：①市场的力量；②管理的专横；③危机的解析；④从摇篮到坟墓；⑤生而平等；⑥我们的学校出了什么问题；⑦谁在保护消费者；⑧谁在保护工人；⑨通货膨胀的对策；⑩潮流在转变。附录 A：1928 年的社会党纲领；附录 B：限制联邦政府支出的修正案草案。

○大法官路易斯·布兰代斯《奥姆斯特德诉美国案》："经验教导我们，每当政府用心良善准备有所作为的时候，我们就应保持最高程度的警惕来保卫我们的自由。人是生而自由的，因此，对那些用心邪恶的统治者，人们自然能够保持警惕，随时准备反击统治者对自由的侵犯。然而，更大的威胁却来自那些用心良善、热情似火的人，他们笑里藏刀、口蜜腹剑，对自己的侵犯表现得更为阴险。对此，人们似乎并不理解。"

○肉体的奴役是对赤裸裸的暴力无可奈何的服从，精神奴役则源于盲目的自卑和自卑心理支配下的智识自戕。

○自由既是目的，又是手段。

○在组织经济活动方面，价格机制可以发挥三种功能：①价格可以传递信息；②价格提供激励；③价格决定了人们从产出中获得多少，即收入分配。

○宗教禁忌、种姓制度、宿命论哲学——据说所有这些都将印度人禁锢在传统的桎梏之中。

○《独立宣言》："造物主赋予他们若干不可让渡的权利，其中包括生命权、自由权和追求幸福的权利。"上帝面前，人人平等。

○人生本就是不公平的，大自然造物，本就是各色人等参差不齐。

○酒是一种危险物，每年饮酒过度而丧生的人数，往往超过食品与药品管理局管制的所有危险物毒死的人数。

○所有这些曾用来充当货币的物品都有一个共同点，就是普遍接受性，即在特定的地方和时间，人们普遍认可它在换取商品和服务时具有的经济价值。

〇青山遮不住，毕竟东流去。

〇对人类自由来说，最大的威胁就是权力的集中，无论是集中在政府手中还是任何个人的手中。

〇弗里德曼一以贯之地坚持自己的信念：坚持自由市场机制，反对政府干预经济。

（2019 年 1 月 3 日晚上阅毕）

债务危机

（[美]瑞·达利欧著，赵灿等译，中信出版社 2019 年版，91.9 万字）

△三部分：①典型债务大周期；②案例详析：德国债务危机与恶性通胀（1918—1924）；③ 48 个案例研究概要，核心经济术语表。

○这本书建立了一个非常有价值的框架，帮助人们理解金融体系的引擎为何不时熄火，以及各国政府和央行应采取何种政策行动来解决系统性金融危机。

○债务快速增长是好事还是坏事，取决于信贷产生的结果和债务偿还情况。

○由于信贷同时创造了购买力和债务，因此增加信贷是好是坏，取决于能否把借款用于生产性目的，从而创造出足够多的收入来还本息。

○大量举债的风险主要在于决策者是否有意愿和能力将坏账损失分摊到多年。

○当债务以外币而非本币计价时，一国决策者分散债务问题的难度将大大增加；虽然债务危机可以得到妥善管理，但一定会有人为此付出惨痛的代价。

○金钱有两个功能：交换媒介和财富储藏手段。

○三种货币政策：①由利率驱动的货币政策，是最有效的货币政策类型，因为它对经济有着最广泛的影响；②“量化宽松”（即印钞和购买金融资产）；③更直接地为消费者（而非投资者/储蓄者）提供资金，激励他们消费。

○战争结束，进入债务偿还期。债务和战争（无论胜败）会带来巨大的市场后果。对一个国家及其领导者来说，最坏的结果莫过于既背负了沉重的债务负担，同时又战败了。所以，千万别陷于这种境地，一战后（20 世纪 20 年代）的德国和二战后（20 世纪 40 年代后期和 50 年代）的德国和日本就是前车之鉴。

○处理债务危机的精髓在于把不良债务分摊到多年。

○泡沫阶段：债务周期的一个阶段，通常表现为债务、资产价格和经济增长率呈现自我强化式上涨，但这种情况不可持续。

○核心通胀：剔除价格波动巨大的商品或服务后的价格通胀。

○去杠杆化：减轻债务负担的过程。

（2019 年 6 月 5 日晚上 11:30 阅毕）

大局观：真实世界中的经济学思维

（何帆著，民主与建设出版社 2018 年版，36 万字）

△共 10 辑：①人是理性的吗；②到底是经济人还是政治人；③政府与市场；④经济增长的迷雾；⑤创新的来源；⑥全球化退潮；⑦不平等加剧；⑧人口慢变量；⑨金融危机；⑩地缘政治。

○海拔 3000 米的经济学。这是一座经济学家搭建的思维训练营，将人们关切的问题放到时代大局中，以经济学的思维方法，拆解、辨析、探寻解决方案。

○人非圣贤：不要轻易考验人性，想要设个局去考验别人的做法是非常愚蠢的。

○理性人假设也就是最优化决策。

○对待别人要宽容；不要对自己过于自信；没有一条万能公式帮助我们识别别人是否值得信任。

○人需要有欺骗自我的勇气。乐观者会更健康、更快乐、更长寿。人的一生，就是靠自我欺骗，幸福地度过的。在欺骗和自我欺骗的指引下，人类社会实现了不断进步。

○编假话比讲实话更费劲。“当人们越是努力不想被猜中的时候，越是容易被猜中。”

○要培养自己的大局观，就不能只看经济，不看政治。所谓政治经济学，就是既要看经济，又要看政治。

○做蛋糕不如分蛋糕，分蛋糕不如抢蛋糕。

○民族主义是一个恶魔。中国历史上并非没有残暴的时候，北方的游牧民族经常骚扰中原农业地区，“五胡入华”的时候，北方汉人几乎惨遭灭族，蒙古人铁蹄南下，汉人也被大肆屠杀。但与西方世界相比，中华文明才是真正的“大熔炉”。

○没有一种政策能够适用于所有的时期和所有的国家。

○不要对教育过于迷信。学习大于教育。

○每个人都是习惯的奴隶。

○一个国家治理水平越高，它能够实现的对外开放程度也就越高。

○没有长期预期，就没有长期投资。没有长期投资，就没有长期的经济增长。

○市场经济无法自发地解决收入不平等问题，而收入不平等的程度日益加深，会伤害到市场经济的正常运转。

○根据联合国的预测报告，若保持生育水平不足 1.5 的情况，100 年后中国将降至 5 亿人，15 岁以下人口比例将不足 10%，65 岁以上的人口将超过 40%。

○马克·吐温说："历史是不会重复的，但总押着同样的韵脚。"当我们遇到严峻挑战，需要做出重大决策的时候，历史经验就变得格外有用。

○俄罗斯国土面积 1700 万平方公里，是中国、美国国土面积的近 2 倍，印度的 5 倍，英国的 70 倍。俄人口 1.44 亿，地广人稀。

○强大的自我，应该是克制而谦卑的。

○看懂趋势：从房价到投资，从小动因到大趋势，让你心明眼亮；看透本质：从两百年的现代化历史感和全球空间感，重新反观现实；看清世态：把纷纭万象、抽象简化成可以描述之"局"。在局内叙事，人情世故，尽得妙趣。

（2019 年 8 月 16 日夜 11:50 阅毕）

千年金融史：金融如何塑造文明，从5000年前到21世纪

（[美]威廉·戈兹曼著，张亚光、熊金武译，中信出版社2017年版，45.8万字）

△4部分（29章）：1. 从楔形文字到古典文明；2. 中国的金融遗产；3. 欧洲大熔炉；4. 全球市场的出现。

○这本书没有一般金融书籍所惯有的数学模型和公式，而是以基于真实史料的历史故事为主，娓娓介绍货币和其他金融创新在世界不同地方是如何出现和发展的，又是如何影响人们的生活和生产的。

○中国早期金融创新包括铸币、纸币、汇票、各种各样的纸质证券，甚至包括金融数字，这些金融技术在几个世纪之后才出现在欧洲。中国以自己独特的方式解决了许多其他的金融问题。

○金融有4个关键问题：①在时间上重新配置经济价值；②重新配置风险；③重新配置资本；④扩展了资源重新配置的渠道和复杂程度。

○希腊文明有两个值得强调的方面：法律和货币。

○技术是一组不断发展的方法和理念的集合，由文化维系。

○万物皆可交换。

○货币是一种奖励体系，一种度量体系，也是集体财富的储备。

○交子务。

○欧洲发展的关键阶段：①金融机构的建立；②证券市场的发展；③公司的产生；④证券市场的突然爆发；⑤风险的量化；⑥这一体系的溢出效应。

○由股东出资设立的商业企业——公司，是欧洲对金融的贡献之一。

○荷兰东印度公司成立于1602年。

○华盛顿是早期美洲土地公司最为活跃的参与者之一。

○在维多利亚时代，资本市场在短短几十年间扩散到全球：比任何宗

教扩散得都要快。市场无处不在。

○在马克思看来，金融资本是工人阶级的噩梦；而在洛温菲尔德看来，它却是安全的手段。

○惊人的恩惠：社会保障。

○历史本身就是有趣的，但历史作为衡量现在的标尺以及引领未来的向导的作用也同样重要。随着世界向一个集体性的全球文明转型，更大比例的人口融入了一个复杂的社会，金融工具也须与时俱进。长达5000年的金融创新历史更是显示，金融和文明将永远不可分割。

（2019年9月11日夜11:10阅毕）

经济学就这么有趣

（梁小民著，北京联合出版公司 2014 年版，21.3 万字）

△ 5 章：①在历史与经济之间；②经济学与怪现状；③买卖里的经济学；④书页间的经济学；⑤和经济学家闲话经济。

○企业家从创造一个有利于自己发展的环境出发，要与政府建立良好的关系，西门庆、卢俊义都学不得。任何一个企业的成功都要依靠制度。晋商能辉煌 500 年，尤其是产生了汇通天下的票号，依靠的也是制度。

○贾府是一个经济单位，爱情也好，斗争也好，都是以经济为基础的。贾府的繁华是以计划经济体制为基础的，贾府的衰落是经济转衰失败的结果。

○赫鲁晓夫的改革并没有给广大群众带来更大的好处，这也是他失败并受指责的一个原因。

○金钱对人幸福的贡献率为 20% 左右。

○中国历代封建统治者都希望强国并富民。不过由于国是自己家的，所以，强国之心甚于富民之心。在他们心中，富民仅仅是手段，强国才是目的。而且，富民往往不是自觉的，是逼出来的。

○货币本来是作为交换媒介的，越简单、越稳定，越有利于流通。

○用一些人品不好、胸怀私心的人进行变法，再好的设想也没用。

○当政府成为权力有限的小政府，权力受到公开立法的限制和监督时，权力不能换成金钱，买官的没了，卖官的也没了。市场化改革是廉政的经济基础。

○幸福是人的一种感觉，一个人幸福还是不幸福完全取决于个人的主观感觉。

○“大多数人对于自己的才能总是过于自负。”

○经济学不以数字化计算为本质，人也不能数字化生存。

○利己就是利他。

○人死画值钱。

○经济学的真谛不是最大化，而是均衡与和谐。

○一个人的成功很大程度上取决于个人的修养。一个心胸狭窄，从“愤青”长成“愤老”的人，终究是成不了大事的。读名人的传记、回忆录，首先要学的是他们的人生态度。

○人与动物的本质区别在于理性，是理性使人不同于动物。但人又不能太理性了，太理性就没有人味了。人要有感情、有血性、有冲动。

（2019年9月16日夜11:10阅毕）

就业利息和货币通论

（[英]凯恩斯著，金华译，立信会计出版社 2017 年版，28.4 万字）

△ 6 卷（24 章）：①引论；②概念与观念；③消费倾向；④投资诱惑；⑤货币工资和价格；⑥一般理论所引发的若干短论。

○这本书诞生于人们拯救经济危机的关键时期，是 20 世纪最具影响力的经济学家凯恩斯的代表作，被誉为看懂政府经济政策的殿堂级作品。它开创了现代宏观经济学，也改变了宏观经济政策框架。围绕着“经济危机”“大萧条”，凯恩斯从有效需求不足，到人性心理规律，再到金本位制、货币供给、预期、真实冲击等各视角给出系统性解释和政策建议，“看得见的手”已经永远地改变我们的社会经济和生活。

○凯恩斯主义的理论体系以解决就业问题为中心，而就业理论的逻辑起点是有效需求原理。

○凯恩斯认为，由消费需求和投资需求构成的有效需求，其大小主要取决于货币数量，以及消费倾向、资本边际效率和流动性偏好三大基本心理因素。

○曼昆：凯恩斯认为，经济衰退的根源在于总需求不足。当对商品和服务的总需求下降时，经济体中各类企业的产品销量便会突然下滑。销量的下挫导致企业削减产量，解雇工人。失业人数的攀升以及利润的下降又进一步抑制需求，这样一种恶性循环的结局令人悲哀。

○曼昆：传统意义上，经济体内商品与服务的产值可分为四部分：消费、投资、净出口以及政府采购。需求出现的任何扩张肯定源自这四项中的某一项。但是，当前，在这四项的每一项中，都有某些强大的力量在发挥作用，抑制支出的增长。

○曼昆：供给与需求是使市场经济运行的力量。它们决定了每种物品的产量以及出售的价格。如果你想知道，任何一种事件或政策将如何影响经济，就应先考虑它将如何影响供给和需求。

○三个要素决定了一个社会的消费量：收入水平，客观环境，人们的主观需求、心理倾向和个人习惯，以及收入的分配原则。

○曼昆：贫困是决策者面临的一个最困难的问题。贫困家庭比一般人更可能经历无家可归、毒品依赖、家庭暴力、健康问题、未婚少女怀孕、文盲、失业和教育程度低。虽然很难把贫困的原因与结果分开，但毫无疑问，贫困与各种经济和社会病症相关。

○实际总储蓄和支出的实际速率并不依赖于谨慎、远见、算计、改善、独立、企业家精神、自豪和贪婪等动机，而是依赖于在既定的资本边际效率前提下，利率对投资的促进作用的大小。

○对投资的诱惑一部分取决于投资需求曲线，一部分取决于利率。

○凯恩斯（1883—1946）提出一个理论：宏观经济理论；引发一场革命：凯恩斯革命；参与创建两个机构：国际货币基金组织（IMF）和世界银行（WBG）；思想影响全世界：国家干预经济、刺激有效需求、宏观货币政策、财政税收政策。

○后凯恩斯时代，我们如何摆脱困境，振兴经济？

（2019 年 9 月 25 日下午阅毕）

六、新经济新产业

数字经济：中国创新增长新动能

（马化腾等著，中信出版社 2017 年版，18 万字）

△共分五篇 16 章。理论篇：数字经济是新经济、新动能；基础篇：完善数字基础，助力经济腾飞；产业篇：释放数字红利，促进转型升级；政策篇：发展数字经济是国际大势；建议篇：积极应对数字经济革命。书中指出，“互联网 +”是手段，数字经济是结果，因此数字经济的发展必然深刻影响传统企业和互联网企业，成为中国创新增长的主要途径。本书为政府和企业了解、制定数字经济时代的政策、发展战略提供了较清晰的蓝图。

○人工智能、虚拟现实、机器学习等最新技术已经开始渗入生产生活的方方面面。大融合，才是科技进步的真正主题。

○美国这一轮经济增长中的 70% 应归功于计算机和互联网。互联网以数字“0”和“1”构成的比特流改变了信息传输方式和交互方式，改变了商品流通方式和交易方式，一经商业化就展现出强大的生命力。

○数字经济的特征：①数据成为驱动经济发展的关键生产要素；②数字基础设施成为新的基础设施；③数字素养成为对劳动者和消费者的新要求；④供给和需求的界限日益模糊；⑤人类社会、网络世界和物理世界日益融合。

○截至 2015 年年底，全国公路通车总里程达 457 万公里，高速公路里程突破 12 万公里。公路基础设施数字化。

○“数字素养”由保罗·吉尔斯特在 1997 年提出。他认为，数字素养主要包括获取、理解与整合数字信息的能力，具体包括网络搜索、超文本阅读、数字信息批判与整合等技能，从而有效区分了数字素养和传统的印刷读写能力。

○以互联网、大数据、云计算、人工智能、区块链等技术为发展热点，为数字经济发展提供技术条件和产业基础。

○亚马逊、微软、IBM 和谷歌四大厂商主导了全球云计算市场。

○政府的数字化转型要经历电子政府、一站式政府和数字政府三个阶段。

○以计算机、通信、互联网为代表的数字技术革命催生了数字经济。融合创新是这个时代的主题。

（2017 年 8 月 3 日夜 11:55 阅毕）

共享经济没有告诉你的事

（［加］汤姆·斯利著，涂颀译，江西人民出版社2017年版，14.7万字）

△共9章：①共享经济；②共享经济的大环境；③通过空中食宿找到落脚之处；④通过优步出行；⑤邻里互助；⑥陌生人互信；⑦开放简史；⑧开放；⑨你的就是我的。

○共享经济是一波新生业务，它利用互联网将顾客和服务供应商匹配起来，并在现实世界里进行交易，如公寓短租、汽车搭乘或家政服务。如优步、空中食宿。

○苹果、谷歌、脸书、亚马逊和微软等，是互联网文化的产物。

○这感觉就像卖掉头发买梳子。

○“声誉将是你最宝贵的财富。”

○“表扬的话公开说，批评的话私下说。”

○亚当·斯密说：“我们期望的晚餐并非来自屠夫、酿酒师和面包师的恩惠，而是来自他们对自身利益的关切。”（市场是文明的）“同一行业人很少聚会，即便是为了娱乐和消遣，而他们的谈话内容也总是涉及反对公众的阴谋，或要求提高价格的计划。”（市场是腐败的）

○公地和商业之间存在三对矛盾：异化、侵蚀和扭曲。

○共享本就与赚钱不能相容，想要在共享的同时也赚钱，最后一定会事与愿违。

○共享经济之弊端。

（2017年11月19日中午阅毕）

创新生态密码：硅谷进化史

（[美] 巴里·M.卡茨著，杨慧丹译，中信出版社 2017 年版，26.4 万字）

△共分 6 章：①心悦之谷；②研究与开发；③沧海巨变；④设计的谱系；⑤设计出设计师；⑥未来之物的形态。

○作为一个倡导实用主义的国家，硅谷以一个庞大且多元的创新生态系统再次证明了美国的创造力具有持久的竞争力。

○有利于帮助人们理解设计是怎样成为创新、品质和用户体验的有机组成部分，以及怎样帮助品牌体现出独特性。

○“精神是真正的办公室消费者。”

○将办公室从一种工作场所发展成为“一个思考的地方”。

○“蓬勃发展：超越生存。”

○“所要从事的工作是一张空白的纸，而不是致力于普通的已被产品先例、制造设备的分销渠道所覆盖的事情。”这正是设计师的梦想。

○莎士比亚剧作《暴风雨》中的精灵阿列尔唱道：“他浑身没有一点枯朽，而是遭受了一场沧海巨变，化为富丽奇瑰的东西。”

○第二次世界大战结束后，斯坦福大学就开始作为卓越的技术中心浮现出来，这很大程度上要归功于弗里德里克·特尔曼所进行的活动，他是工程学院的院长，也是军事、工业、学术的复合体，即硅谷的架构师。

○设计革命公司的设计师们以密集的、对当地需求、市场状况、制造与分销渠道进行的实地调研作为开始。

○马丁·海德格尔（1949 年）：“物化的过程，物之成为物。”

（2017 年 12 月 4 日晨 0:10 阅毕）

第四次工业革命

（［德］施瓦布著，李菁译，中信出版社2016年版，12万字）

△全书共3章：1. 第四次工业革命来了；2. 驱动革命的三驾马车；3. 颠覆性影响。

○深度变革（展望2025，23种）：①可植入技术；②数字化身份；③视觉成为新的交互界面；④可穿戴设备联网；⑤普适计算；⑥便携式超级计算机；⑦全民无限存储；⑧万物互联；⑨数字化家庭；⑩智慧城市；⑪运用大数据进行决策；⑫无人驾驶汽车；⑬人工智能与决策；⑭人工智能与白领工作；⑮机器人与服务；⑯比特币和区块链；⑰共享经济；⑱政府和区块链；⑲3D打印与制造业；⑳3D打印与人类健康；㉑3D打印与消费品；㉒定制人类；㉓神经技术。

○各种新兴突破性技术：人工智能、机器人、物联网、无人驾驶交通工具、3D（三维）打印、纳米技术、生物技术、材料科学、能源储存、量子计算等。

○2015年3月，传媒战略家汤姆·古德温在网站上写道："全球最大的出租车公司优步没有一辆车，最受欢迎的社交媒体公司（脸谱网）不制作任何内容，最有价值的零售商阿里巴巴没有任何存货，最大的住宿提供商Airbnb名下没有任何房产。"

○据预测，2030年前，全球人口将从72亿增长到80亿，到2050年前增长到90亿。

○第四次工业革命对各行各业的企业四大影响：①客户期望正在改变；②人们利用数据完善产品，并由此提高资产的利用效率；③随着公司认识到新型合作的重要性，新型合作伙伴关系不断涌现；④运营模式在向新数字模式转型。

○新兴技术正在改变国际安全、无人机、自动化武器、太空军事化、可穿戴设备、可再生能源、纳米技术、生物武器、生化武器、社交媒体。

○ 20 世纪下半叶，人们对核战争的恐惧逐步被相对稳定的“相互确保摧毁”战略所取代。“核禁忌”似乎也随之出现。

○短期来看，人工智能的影响取决于被谁控制。而长期来看，则取决于是否能控制得住。

○曾在 1978 年获得诺贝尔经济学奖的赫伯特·西蒙说：“丰富的信息将导致注意力的缺乏。”

○哈佛大学政治哲学家迈克尔·桑德尔说：“人们越来越倾向在日常使用的设备上牺牲隐私以换取便利。”

○以情境判断（思维）、情绪管理（心灵）、自我激发（精神）、身体素质（身体）4 种智慧迎战第四次工业革命。

○蒸汽机的发明驱动了第一次工业革命，流水线作业和电力使用引发了第二次工业革命，半导体、计算机、互联网的发明和应用催生了第三次工业革命。第四次工业革命的核心是智能化与信息化，进而形成一个高度灵活、人性化、数字化的产品生产与服务模式。

（2018 年 1 月 14 日上午阅毕）

大数据时代

（[英]迈尔－舍恩伯格、库克耶著，盛杨燕、周涛译，浙江人民出版社 2013 年版，21.5 万字）

△一场生活、工作与思维的大变革；大数据时代的思维变革、商业变革、管理变革。

○大数据时代的经济学、政治学、社会学和许多科学门类都会发生巨大甚至是本质上的变化和发展，进而影响人类的价值体系、知识体系和生活方式。

○大数据开启了一次重大的时代转型。就像望远镜让我们能够感受宇宙，显微镜让我们能够观测微生物一样，大数据正在改变我们的生活以及理解世界的方式，成为新发明和新服务的源泉，而更多的改变正蓄势待发……

○大数据是人们获得新的认知、创造新的价值的源泉；大数据还为改变市场、组织机构，以及政府与公民关系服务。

○人类存储信息量的增长速度比世界经济增长速度快 4 倍，而计算机数据处理能力的增长速度则比世界经济的增长速度快 9 倍。

○大数据的核心就是预测。

○当我们试图扩大数据规模的时候，要学会拥抱混乱。

○找到一切事情发生背后的原因。

○大数据发展的核心动力来源于人类测量、记录和分析世界的渴望。现在信息技术重点在"T"（技术）和"I"（信息）上。

○量化一切，数据化的核心。

○莱维斯说："预测给我们知识，而知识赋予我们智慧和洞见。"

○我们时刻都暴露在"第三只眼"之下：亚马逊监视着我们的购物习惯，谷歌监视着我们的网页浏览习惯，而微博似乎什么都知道，不仅窃听到了我们心中的"TA"，还有我们的社交关系网。

○卓越的才华并不依赖于数据，不能被数据所束缚。大数据为我们提供的不是最终答案，只是参考答案。

○对于大多数数据来说，尽可能多地收集、等待信息增值并且让其他更适合挖掘其价值的人来分析它才是明智之举。

（2018 年 1 月 22 日晨 0:10 阅毕）

共享经济：重构未来商业新模式

（［美］罗宾·蔡斯著，王芮译，浙江人民出版社 2015 年版，26.6 万字）

△分 3 个部分：一、创造一个你想要的新世界；二、重塑未来商业模式；三、放弃“我拥有”，追求“我创造”。

○云计算、大数据、宽带网络与智能终端这四种力量的聚合，催生着“共享经济”的新形态。它改变着我们传统的“拥有”“产权”等核心观念，转变为“使用”“信任”“合作”。

○提出用共享理念来解决人类最大危机：气候变暖、水源变少、食物变得不再安全等问题。

○分享资源会带来最高效率；分享知识会带来最伟大的创新。

○过剩产能、共享平台、人人参与。

○人人共享，变不可能为可能。

○产品的生产制造、交通运输、教育、大部分能源企业、人与人之间的交流、个人身体健康状况、构成物联网主要部分的智能健康系统、智慧城市和大数据均将会是人人共享模式。

○人人共享模式是一种创造财富的新型利器，此类平台获得巨大成功或是成为行业标准时，我们就不得不去解决群体对这笔巨额财富所占有的份额问题。

○维基百科的成功是因为吉米·威尔士相信，为维基百科贡献有价值文章的人比破坏该网站的人要多。这也是人人共享模式发挥作用的方式：资产的开放将滋生出更多价值，激发更多创新。

○共享经济的原则：①可用的开放资产＞封闭资产；②更多连接的思维＞少数封闭的思维；③开放带来的益处＞开放带来的问题。

（2018 年 2 月 20 日上午阅毕）

在线

（王坚著，中信出版社 2016 年版，20.2 万字）

△共 10 章：①困惑、错位或纠结；②从数字到在线的进化；③从信息到数据的进化；④从计算机到计算的进化；⑤从互联网到万物互联网；⑥追寻在线凌云梦；⑦从门洛公园到云栖小镇；⑧互联网、数据和计算的骤变；⑨从摩尔定律到在线三定律；⑩人类的自信。

○王坚，阿里巴巴集团技术委员会主席，人称“博士”。

○互联网是基础设施，数据是生产资料，计算要成为公共服务。

○今天数据对中国的推动，很像 20 世纪初电力给美国带来的推动。

○ 50 多万年前的关键词是光明与黑暗，50 多年前的关键词是数字和模拟，而今天的关键词是在线与离线。

○互联网之前的信息革命，完成了原子的比特化；而互联网的出现，则要完成比特的在线化。在线是一片新大陆，就像当年的美洲大陆，需要深入探索。

○在线，以世纪为时间来度量，来进化，来讨论。

○人类在信息传播方面有三项重大发明，即语言、音乐和地图。

○数据比信息更有价值。

○数据本身是核心竞争力，数据的处理能力也是核心竞争力。

○让计算成为人类的能力，让数据变成世界的财富。

○没有选择的选择，到后来却发现是最好的选择。

○数据是世界的新财富。

○至少 50 年以内，我们都还是围绕着互联网做事。

○数据本没有价值，就像你留在地上的脚印，直到你有计算能力去处理才会产生价值。计算，如同其他基础设施一样，能把沉寂的数据“沙子”变成经济、产业、财富的“金矿”。

○聚变产业的计算经济，是在线时代的经济。

○如果没有钢笔的话，人类文明不会到达现在这种程度。

○在18世纪的英国，火车代表着一个失控的世界，因为它的时速超过80公里，吞噬了农村，摧毁了中产阶级，还轧死过人。

○城市也曾经是一头怪兽，在城市刚刚兴起的德国，有这样一个说法："在去慕尼黑之前，最好把遗嘱写好。"但今天我们谁也不能否认，城市是人类了不起的文明。

○对别人的敬仰就是对自己的信心。

○"组成成功的要素是1%的运气、2%的灵感和97%的汗水。"

○历史上三个最重要发明：电、互联网、轮子。

（2018年3月1日晨0:50阅毕）

物联网时代

（[美]马切伊·克兰兹著，周海云译，中信出版社2018年版，27.5万字）

△共3部分（11章）：①一个正处于转变中的物联网（物联网就是改变和转换）；②物联网：企业的未来；③物联网的当下与未来。

○马切伊·克兰兹，全球一流物联网专家，思科公司战略创新集团副总裁，天使投资人。

○所谓物联网，就是我们能看到的物件，小到眼镜、领带、皮鞋、衣服，大到平时用的冰箱、出门开的汽车、坐的飞机，都可能变成智能化的设备。

○物联网现状；如何处理物联网中人的因素，也就是新的物联网一代的工作岗位；物联网的当下和未来。

○无论你是否喜欢、物联网将前所未有地改变你的企业。这种改变将超过企业流程再造、六西格玛（是一种管理策略，由工程师比尔·史密斯于1986年提出）、精益生产、敏捷计算或者任何其他突然冒出来的商业概念。

○物联网的出现，这个行业正在快速地演化成为一个合作伙伴生态系统，而且还将是一个与客户共同创造的世界。

○物联网带来效益的领域：信息采集、预测性数据分析、与具体应用相关的问题、与消费者相关的物联网活动。快速回报5个领域：①劳动力需求的减少；②降低成本；③提高生产率；④提升品质；⑤更快和更好地进行决策。

○政府在物联网发展中的角色：监管者，议程的制定者，技术采用者。

○物联网的出现既是作为一场巨大变革的媒介，也是全球推动变革的力量所带来的必然结果。

○物联网代表着一个“一生只有一次”的机会，这个机会将重新定义我们的行业、企业以及工作。

（2018年7月4日晚阅毕）

付费：互联网知识经济的兴起

（方军著，机械工业出版社2018年版，9印张）

△共5篇：①知识经济；②个人知识产品；③知识平台；④知识个体；⑤知识产品方法论。

○自互联网商业化以来，人们用互联网和移动互联网来改变媒体、改变零售、改变社交、改变服务交易，人们也设想着虚拟现实和人工智能带来的未来，但知识似乎从未成为互联网产业的热点。2016年，在中国，收费知识产品与服务等突然间掀起了一波大浪潮，这波浪潮被称为“互联网知识经济”。更特别的是，中国似乎成为互联网知识经济的创新之地，这一波付费知识产品可能是互联网和信息与知识的新关系的一个开始，甚至是互联网的新开端——互联网从“流量逻辑”走向“价值逻辑”。

○德鲁克把知识的应用分成了三个阶段：从1750年开始的第一阶段，知识被应用于生产工具、生产过程和产品，从而创造了工业革命；从1880年开始的第二阶段，知识被应用于工作，从而引发了生产力革命；从第二次世界大战结束后的第三阶段，知识被应用于知识本身，从而产生了管理革命。

○学习有两种不同的源头：向过去的经验学习和向正在生成的未来学习。

○互联网平台是连接者、匹配者和市场机制设计者，是互联网经济的引擎，是互联网知识经济与知识社会的引擎。

○知乎是知识社区；在行与分答采用的是分享经济模式；喜马拉雅FM是音频和“免费+增值”模式；逻辑思维与得到，是知识明星、创新的付费订制专栏和头部内容运营；混沌研习社是新形态的商学院教育；吴晓波频道与头头是道，是知识明星自身商业化和用投资缔结的产业联盟。

○信息与知识产品的三种业务形态：媒体、内容、教育。

○互联网知识经济与知识社会的特质是：互联网成为知识的创造、生产、传递、消费和使用的场所。

○知识的历程：从“存在”到“实干”。第一个100年：工业革命，将知识应用于生产工具、生产过程和产品；第二个100年：生产力革命，将知识应用于工作，提高了工作者的生产力；第三个100年：管理革命，将知识应用于知识，以找到应用知识创造效益的最佳方法，系统地、有目的地运用知识去界定我们需要什么样的新知识。

○知识平台的四个角色：产品化、格式化、工具化、商业化。

○要成为一个精明的知识消费者：要认识自己现有的知识基础；要努力构建自己的知识体系；要改变传统的学习方式，通过“输出”学习，通过“使用”学习。

○知识就是要有用，知识最终要走向解决问题。

○奥斯威辛集中营的幸存者，著名心理学家维克多·弗兰克尔的著作《活出生命的意义》，也可译作《寻找意义的人》，影响了数百万人。弗兰克尔说：“人对意义的追寻会导致内心紧张而非平衡，不过，这种紧张恰恰是精神健康的必要前提。”

○构建整体性的知识体的方法论：①雄心要大，落点要小；②先用起来，再寻求改进；③降低协作的成本。

○总的来说，互联网是知识的过滤器、创造知识的机器，以及使用知识的放大器。对知识互联网的未来，应无比乐观。

（2018年7月12日夜11:58阅毕）

马云：未来已来

（阿里巴巴集团编，红旗出版社 2017 年版）

△这本书集纳了马云近年在各种场合的讲话，阐释了对电子商务、数据时代、未来技术以及社会变革的思考和畅想，解读了阿里巴巴未来十年乃至三十年的战略规划和发展前景等。

○十年后需要什么，我们今天就开始做。

○新零售、新制造、新金融、新技术、新能源将会冲击很多行业，甚至产生巨大的摧毁性的影响。

○恐惧来自对未来的无知。

○伟大的企业一定是诞生在困难的时候。

○消费是指人们消耗物质资料以满足物质和文化生活需要的过程。

○西方讲黑白相争，东方讲黑白相融。

○当你还“小”时，想法要“大”，做事要“细微”。而当你变“大”时，要想到“小”。

○每一代人都有自己的荣耀，每一代人都有自己的使命和任务。

○马云的互联网世界观：①机会就在被抱怨的地方；②企业家要思考十年之后的事；③创新应当成为企业家的事业；④“鼠标 + 水泥”的公司才能活下来；⑤大数据要赋予技术以灵魂；⑥要在阳光灿烂的日子修屋顶，年轻力壮的时候生孩子；⑦明天开始，生活将是我的工作。

○一个优秀的企业家，要理解这个时代、这个国家，要读懂这个国家。企业家只有真正了解自己有什么、要什么、应该放弃什么，企业才会走得久。

○三十年后不忘初心，就是成功。

○要乐观地看待未来；少一些抱怨，认真检查自己的问题；要有超越常人的坚持。

○讲话有哲理的人，一般是吃苦吃得比较多的人。

○创新是未来的核心。

○坚持理想主义、担当精神、乐观的正能量。

○如果地球病了，没有人会健康。

○公益的本质是唤醒善良。

○哪里有抱怨，哪里就有机会，机会就是解决麻烦。

○“诚信等于财富，创新等于财富。”

○企业 CEO 应具备眼光、胸怀，还有实力。

○肯尼迪说过，我们的问题是人为的，所以可以由人来解决。

○未来中国经济三驾马车：消费、服务和高科技。

○创业原则：做自己最开心的事，从最容易的做起。

○被人拒绝过 30 次。

○如果一个人失败后老是抱怨别人，那么这个人永远不会成功；如果他一直在反省自己，那么他就有希望。

（2018 年 9 月 23 日下午阅毕）

未来版图：全球聪明公司的科技创新趋势和商业化路径

（麻省理工科技评论著，人民邮电出版社 2018 年版，32.5 万字）

△这本书以 2011—2017 年的榜单为蓝本，在生物医学、能源材料、计算机与通信、互联网与数字媒体，以及交通运输等行业领域中挑选出在技术创新、商业模式上有亮点的、读者感兴趣的百余家聪明公司，并以时间为经、行业为纬，梳理这些公司的技术创新和商业沉浮。

○从判断一个突破性技术到真正实现技术的共享、吸收应用与再创新是一个艰难而微妙的过程。其中需要对技术由浅入深、从点到面全面认识和理解，而要进一步将前沿知识转移、共享，则更与这个领域内核心人员和社交圈的融合程度密切相关。只有处理好这两点，深度的技术整合应用才有可能。

○《麻省理工科技评论》作为世界上历史悠久、影响力极大的技术商业类杂志，每年都会依据公司的科技领军能力和商业敏感度这两个必要条件，从全球范围内选取 50 家未来可能会成为行业主导的聪明公司，这些公司是“高精尖科技创新”与“能够保证公司利益最大化的商业模式”的完美融合。无论公办私营，无关规模大小，这些遍布全球的公司都有能力创造并抓住新的机遇。

○新兴科技重塑商业未来。

○ 2013—2017 年，中国公司 25 次入选 TR50 榜单，其中 23 次入选公司开展的业务都和人工智能有关。在这些公司中，百度、腾讯、蚂蚁金服、滴滴出行等公司已经公开宣布要重仓支持人工智能技术，而大疆、旷视科技等初创公司则以开发人工智能技术作为主营业务。中国的技术企业没有在人工智能浪潮中落后。

○预测未来最好的方法是创造未来。

○人工智能的三大支柱是算法、大数据和计算能力，代表着人工智能ABC。

○无人驾驶技术的商业化须解决：①成本；②法律需要更新；③日常交通的复杂与不确定；④安全；⑤最大的困难还是计算。

○你不知道哪块云会下雨，不过雨只能在云里。

○雷·库兹韦尔："2029年之后，医学科技的发展速度每一年都会让我们的预期寿命增加一年。"

○新能源，清洁的进步：太阳能、风能与天然气。

○梦想电池，储能技术的圣杯：电网中的电池、汽车中的电池、更便宜且更节能的光。

○阿西莫夫："人类总选择最安全、最中庸的道路前进，群星就会变成遥不可及的幻梦。"

（2018年9月27日下午阅毕）

经济奇点

（［美］史蒂文·希尔著，苏京春译，中信出版社 2017 年版，50 万字）

△共 12 章：前言：旧金山地震；①在“1099 经济”中回到未来；②“空中食宿”与“共享经济”：经济的“救星”还是“尽头”；③“优步”的定时炸弹；④与“任务兔子”和“一揽子找工作”一起恶性竞争；⑤“地下经济”：通往地狱的“丝绸之路”网站；⑥机器人和技术人正奔向你的工作；⑦“经济奇点”的阴霾；⑧新经济空想家：带头大哥正带领我们走向何方；⑨劳动者的两难窘境；⑩解决方案一：新经济下的新型契约；⑪解决方案二：让新经济在信息和创新时代发挥作用；⑫结语：玛利亚的生活很重要！玛利亚·费尔南德斯万岁。

○牛津大学一项针对700多种工作岗位的研究预计，在未来的20年中，“美国现存的工作岗位中有 47% 可能存在电算化的风险”。

○再见“朝九晚五”，你好“朝九晚墓”。

○共享经济包括一个巨大的公司陈列，横跨许多行业和工作岗位，例如：交通、日常劳动力、私人财产的出售、出租或交易、房屋出租，等等。

○“空中食宿”最初是旧金山当地一群二十几岁的人发起的，切斯科和他的室友乔·杰比亚都毕业于罗得岛设计学院。

○律师机器人：“干掉所有律师。”

○物联网其实是一个新型技术平台，可以“将所有事和所有人都联系起来”，通过数十亿个散布于全球各地的传感器，以及一个超级互联网坐标来实现彼此之间的联系。

○越来越多的美国人的工作和生活已经成为一种赌博。一些自由职业者、承包商、临时工和个人企业家都将开始他们新的职业，但是，从统计学的角度来说，更多的人会失败。

○在经济稳定性与持续扩张的技术之间复杂的结合点上，提出了一种既带有挑衅性又带有补救操作性的观点。

（2018 年 10 月 21 日下午阅毕）

工业 4.0（执行版）：

未来工业制造和销售的商业模式变革

（[德]马丽安·严恩著，张世佶、王喜文译，机械工业出版社 2018 年版，23.4 万字）

△共 6 章：①生产网络和工业 4.0；②协同任务以及对象；③对于高效物流协同的要求；④遍及全网的 PPS 协同机制；⑤工业 4.0 在电子产业中的应用；⑥工业 4.0—协同—今天和明天。

○“工业 4.0”是指利用现代化的信息技术，追求新的组织形式和协同机制。与此同时，工业 4.0 还要求将机械制造和电子技术这两门工程学科与信息学结合起来，从而拉近了“机器”与企业经济之间的距离。

○这本书借助具体实例，形象地描述了以企业经济理论为起点，结合物联网技术和信息技术应用，最终通往工业 4.0 商业模式的道路。

○合理的行动要以既定目标为指向，即要具备明确的意图。没有目标，人们根本无法判断是否实现了行为优化，因为事先没有对优化进行定义。

○产品跟踪的目的在于：①通过产品和材料可追溯降低成本；②利用检测和过程可追溯性减少错误；③提升销量和改进生产过程。

○拟人化产品：通过安装 RFID 部件，可在生产或者存储过程中将与客户有关的特征借助 RFID 连接输入微型控制器中。

○智能化产品、智能化的服务。即“从生产者的角度优化自身的生产，从生产性服务提供者的角度为客户提供更好的服务”。

（2018 年 12 月 18 日晚上阅毕）

区块链：通往资产数字化之路

（[美]安德烈亚斯·安东诺普斯著，林华等译，中信出版社 2018 年版，31.8 万字）

△共 10 章：①欢迎来到比特币世界；②比特币是如何工作的；③比特币客户端；④密钥、地址、钱包；⑤交易；⑥比特币网络；⑦区块链；⑧挖矿与共识；⑨替代链、替代币、应用程序；⑩比特币安全。

○比特币、区块链的发明代表了一个全新平台的创立，将使一个与互联网本身一样广泛和多样化的生态系统变为现实。

○区块链的治理机制也是“自主治理、自主组织”。诞生于 2009 年的比特币区块链就是这样一个自组织：非营利性组织、产权完全开源、代码随便复制、任何人使用无须得到许可；没有股东会、没有董事会、没有管理层、没有员工、没有资产、没有办公场地、没有资产负债表。

○比特币是一系列构成数字货币生态系统的概念和技术的组合。比特币的货币单位也叫作“比特币”，用于存储和传递价值。比特币用户间的通信主要通过比特币协议在互联网上进行，也可以在其他通信网络中进行。

○比特币是一种彻底的虚拟货币，没有物理货币，甚至连电子货币本身都不存在。2008 年，一个化名为中本聪的人公开发表一篇叫作《比特币：一个点对点数字货币系统》的论文，比特币从此出现在世人面前。

○比特币系统由以下部分组成：①去中心化的点对点网络（比特币协议）；②公共交易账本（区块链）；③去中心化的基于数学的确定性的货币发行体系（分布式挖矿）；④去中心化的交易验证系统（交易脚本）。

○加密货币的未来比比特币更加光明。

○切叶蚁，不是一个常见的名字，它是一种生长在热带地区、靠真菌长大的蚂蚁，主要分布在中南美洲、墨西哥及美国南部。除了人类社会，切叶蚁构成了地球上最大、最复杂的动物社会群体。它们因咀嚼树叶的方式而得名，被它们咀嚼过的树叶是它们真菌花园的营养来源。

○这本书包括以下方面：①比特币的广泛介绍：非技术用户、投资者、企业高管的理想选择；②比特币及加密货币的技术基础：为开发人员、工程师以及软件和系统架构师量身定制；③比特币去中心化网络、点对点架构、交易生命周期及安全原则等相关细节的详细介绍；④基于比特币和区块链的分支的发展，包括替代链、替代币和替代应用程序等；⑤通过用户故事、优雅的类比、示例、代码片段阐述关键的技术概念。

（2018 年 12 月 19 日下午阅毕）

七、企业经营

非显著趋势：如何把握即将到来的机会

（[美]罗希特·巴尔加瓦、陈一枬著，王烁译，中信出版社2017年版，16万字）

△这本书是基于作者十年来为世界知名大品牌提供战略咨询的结果而创作，同时涵盖了对中国市场最有意义的15个非显著趋势。这本书从外部提供了一种如何进行创新的全新思路。共5章：①如何记录好的点子；②推敲想法的艺术；③干草堆方法论；④非显著趋势；⑤创新行动指南如何追随灵感。

○非显著趋势：①跨界颠覆；②网红崛起；③强势女性；④设计驱动；⑤价值营销；⑥正念情商；⑦渴望解脱；⑧反完美主义；⑨消极忠诚；⑩体验主义；⑪智能替代；⑫技术隐形；⑬数据自省；⑭虚拟同理心；⑮数据泛滥。

○爱因斯坦："学习是种体验。其他一切只是信息。"

○本书的目的：帮你提升观察理解周围世界的能力。

○推敲想法的五大准则：①保持好奇心；②善于观察；③变幻无常；④深思熟虑；⑤简洁凝练。

○保持好奇心的3个秘诀：①花时间接触更具智慧的媒体内容；②购买目标受众不是你的杂志；③多做停留，提出问题。

○彼得·德鲁克："预测未来的最好方法是创造未来。"

○王尔德："能预测意料之外的事情，这就是真正的现代智慧。"

○设计让生活更美好，设计为商业创造机遇。

○冥想、瑜伽和静思摆脱了烧香拜佛的名声，成为个人和公司提高业绩、健康发展、增强积极性的有力工具。

○中国人说"饱暖思淫欲"，这也从一个侧面反映出：经济的发展必然会促进精神文化方面的需求。

○工业1.0由水和蒸汽驱动，工业2.0由电力驱动，工业3.0的驱动力则来自计算机和自动化的起步，工业4.0的定义和远景是计算机与自动化一同利用机器学习和算法来管理工厂，几乎无须人工操作。

○按照趋势行事，趋势才有价值。

○艾萨克·阿西莫夫：“我读书不快，但我理解快。”

（2018年1月4日晨0:10阅毕）

华为传

（孙力科著，中国友谊出版公司 2018 年版，23.5 万字）

△一部中国式企业的浩荡成长史！共 11 章：①从苦难中走出来；②创华为：开局时代；③崛起之机；④华为“狼道”；⑤开疆辟土：走出去才能大发展；⑥与巨人同行；⑦强化内核；⑧推动人才管理机制的改革；⑨市场与客户的新规划；⑩华为新时代；⑪关于任正非。

○任正非在创业时连企业的名字都没有想好，后来他看到墙上“中华有为”的标语，觉得还不错，就截取“华为”二字作为企业的名字。

○蔡元培认为“大学者，‘囊括大典，网罗众家’之学府也”。大学对于现代教育的影响至深不容忽视，对个人发展产生的重要影响不容小觑。大学就是个包罗万象的所在，学生在这里开拓自己的眼界，练就立人之本。

○英国教育家纽曼将大学的意义总结如下：“大学的职责是提供智能、理性和思考的练习环境，让年轻人凭借自身所具有的敏锐、坦荡、同情力、观察力在共同的学习、生活、自由交谈和辩论中，得到有益一生的思维训练。”

○郭台铭曾说：“在快速成长的企业中，领袖应该要多一点霸气。”

○“财聚则人聚。”

○美国著名质量管理学家约瑟夫·朱兰博士曾说道：“20 世纪是生产率世纪，21 世纪是质量的世纪，质量是和平占领市场最有效的武器。”

○兰德公司有一个著名的论断：“世界上每 100 家破产倒闭的大企业中，85% 是企业管理者的决策不慎造成的。”

○任正非说：“美国人踏踏实实、十分专一的认真精神，精益求精的工作作风，毫无保守的学术风气是值得我们学习的。”

○矩阵式管理模式。《华为基本法》。用轮换制度来激活人才。干部需要从一线选拔。“让听得见炮声的人来决策。”“管道战略。”“活下来是真正的出路。”

○欧美企业的平均寿命为40年，日本企业的平均寿命为58年。此外，日本一共有两万多家企业有超过150年的发展历史，而中国超过150年的只有5家。

○华为提出“以客户为中心，以奋斗者为本，长期艰苦奋斗，坚持自我批判”的核心价值观。

○“身在黑暗，心怀光明，梦想不灭，努力前行。”

○彼得·杜拉克说：“人类创造的任何东西终有一天都是要消亡的。”

○任正非说：“惶者才能生存，偏执才能成功。”

○“对自己有信心，就是最大的安全感，无须外物来证实和陪衬。”

（2018年3月21日晨0:40阅毕）

谷歌：未来之镜

（[德]托马斯·舒尔茨著，严孟然、陈琴译，当代中国出版社2016年版，23.1万字）

△全书共8章：①根基：从学生宿舍到数字帝国；②创始人：性格迥异，野心如一；③登月文化：谷歌的创新永动机；④X实验室：谷歌送给世界的“大礼”；⑤谷歌搜索：丈量世界；⑥谷歌工作模式：重新定义一切；⑦安卓：同一个世界，同一个操作系统；⑧战争：数据隐私的外患内忧。

○“谷歌是为了让每个人都可以获取信息而成立的。”（现任执行董事长埃里克·施密特说）想要掌握未来，必须了解谷歌。

○1973年8月21日，谢尔盖在莫斯科降生。1973年3月26日，拉里在美国密歇根州东兰辛出生。

○性格内敛的人更可能成为优秀的领导者，尤其在一个瞬息万变的行业里。

○拉里说：“人们真正会犯的错误只有一个，那就是失去冒险精神。”

○奇点，指的是电脑智能与人脑智能兼容的奇妙时刻，人类最终在大爆炸中被推入更高级的文明。这是一种由互相加速引发的连锁反应。

○火人节（取消日常生活等级，实现人人平等）。

○将网络信号从太空传回地球理论上有两种方式：激光传输和无线电波传输。

○谷歌员工对自己工作的满意度简直令人惊讶。从谷歌人的口中，你几乎听不到任何在其他公司比比皆是的埋怨，比如无能的领导、糟糕的人事政策、不公平的待遇、无聊的工作和烦人的同事……

○空中食宿的联合创始人乔·吉比亚说：“空中食宿在全球取得的巨大成功应首要归功于设计思考。”

（2018年4月3日晚阅毕）

大而不倒

（[美]安德鲁·罗斯·索尔金著，巴曙松等译，四川人民出版社2018年版，53.1万字）

△源自对直接卷入金融危机的200多人超过500小时真实访问的第一手资料，是一本关于2008年全球金融危机的实录。

○中国金融业既不必盲目自卑，也不能盲目自大。

○保尔森最初制定救市政策时有三个主要原则：流动性可救；政府不可直接购买而只能辅助交易；公司持有者不能从救助中获益。

○伽利略曾说："所有的真理一旦被发现，都很容易理解。关键是要发现它。"

○"恐惧是疾病的根源。"

○"凡事无绝对，一切皆有可能。"

○贝兰克梵是一位真正的阅读爱好者，他身上没有一点浮夸的影子，也从不自我吹嘘。

○道不同，不相为谋。

○盖特纳说："在美国金融危机的历史上，通常你需要做三件事：缩减债务；引入公平；剥离不良资产。"

○1910年4月罗斯福总统在索邦大学发表题为"共和政体中的公民权"的演说，其中一段话："当一个强者跌倒或者一个实干家做得不够完美时，只会在一旁指手画脚的批评家，算不了什么。荣耀属于那个真正站到竞技场上的人，他的脸上满是灰尘和血汗，尽管一次次地失败，却仍然顽强地奋斗，因为世界上根本不存在没有失败和缺陷的成就。他明白热情和奉献的意义，并完全投身于有价值的事业中。最后，若是成功了，他能享受胜利的喜悦；就算失败了，至少他会因曾经全力以赴而无怨无悔。所以他永远不会与那些冷漠胆小，不知何为成功和失败的灵魂为伍。"

（2018年6月10日上午阅毕）

杰克·韦尔奇自传

（[美]杰克·韦尔奇、约翰·拜恩著，曹彦博等译，中信出版社2001年版，39万字）

△共5个部分（26章）：①早年岁月；②建立哲学观；③商海沉浮；④改变游戏规则；⑤回顾与展望。

○一部“CEO的圣经”。

○杰克·韦尔奇，1935年11月19日出生于美国马萨诸塞州萨勒姆市。1957年获得马萨诸塞大学化学工程学士学位。1960年获得伊利诺伊大学化学工程博士学位，同年加入通用电气公司（GE）。1971年成为GE化学和冶金事业部总经理。1979年8月，成为通用电气的副董事长。1981年4月，成为通用电气公司历史上最年轻的董事长兼首席执行官。他现在居住在康涅狄格州的费尔菲尔德。

○在20年时间里，韦尔奇使通用电气的市值达到了4500亿美元，增长了30倍，排名从世界第十位提升到第二位。他所推行的“六西格玛”标准、全球化和电子商务，几乎重新定义了现代企业。同时还开创了一种独特的哲学和操作系统，该系统依靠一种扁平的、“无边界”的管理模式，一种对人的热情关注以及一种非正式的、平等交流的风格，帮助庞大多元的商业帝国摆脱成熟企业的痼疾——金字塔式的官僚体制，走上灵活主动、不拘一格的道路。

○失败乃成功之母。

○“我的母亲从来没有管理过任何人，但是她知道如何去建立一个人的自尊心。”

○软环境要以硬行动为基础。

○ CEO到底是干什么的：诚信；企业与社会；集体智慧最大化；人为先，策为后；不拘礼仪；自信；热情；拓展；庆功；酌情调整薪酬；区别对待造就强大的企业；随时做出评价；文化的重要性；策略；竞争对手；

基层……

○诚实 / 价值观，经验，远见，领袖气质，锐利，名望，公平，以及精力 / 勇气。

○战略并不是冗长的行动计划，而是依据不断变化的环境而革新的核心观念。

（2018 年 6 月 17 日夜 11:50 阅毕）

从 0 到 1：开启商业与未来的秘密

（[美] 彼得·蒂尔、布莱克·马斯特斯著，高玉芳译，中信出版社 2015 年版，11 万字）

△共 14 章：①未来的挑战；②像 1999 年那样狂欢；③所有成功的企业都是不同的；④竞争意识；⑤后发优势；⑥成功不是中彩票；⑦向钱看；⑧秘密；⑨基础决定命运；⑩打造帮派文化；⑪顾客不会自动上门；⑫人类和机器；⑬绿色能源与特斯拉；⑭创始人的悖论；结语：停滞不前，还是临近奇点。

○这本书阐述了作者的创业历程和心得，包括如何避免竞争、如何进行垄断、如何发现新的市场。还穿越哲学、历史、经济等多元领域，解读世界运行的脉络，分享商业与未来发展的逻辑，帮助人们思考从 0 到 1 的秘密，在意想不到之处发现价值与机会。

○揭开创新的秘密，进入彼得·蒂尔颠覆式的商业世界：创新不是从 1 至 N，而是从 0 到 1；全球化并不全是进步；竞争扼杀创新；“产品会说话是谎言”；失败者才去竞争，创业者应当选择垄断；创业开局十分重要，“频繁试错”是错误的；没有科技公司可以仅靠品牌吃饭；初创公司要打造帮派文化。

○有一个笑话说，如果你发现路上所有的车都在违规逆行，那大概是你自己开反了。

○ 20 世纪中期技术高度发展，仅在 1969 年就发生了两件大事：人类登上了月球和互联网诞生。

○一个基本命题：“企业的目的就是营利，不是赔钱。”

○循序渐进；保持精简和灵活性；在改进中竞争；专注于产品，而非营销。

○大胆尝试胜过平庸保守；坏计划也好过没有计划；竞争性市场很难赚钱；营销和产品同样重要。

○要想将企业从每日的生存竞赛中解脱出来，唯一的方法就是：获取垄断利润。

○马克思说，人们因为差异才会斗争。差异越大，冲突就越大。

○“一半是运气，一半是时机，剩下的则是智慧。”

○达尔文：生命就算没有准备，也会自己“演化”。

○卡辛斯基将人们的目标分为三组：①稍作努力即可达到的目标；②不懈努力才能达到的目标；③再怎么努力都不可能达到的目标。这是经典的三分法，将事情分为简单、困难和不可为三种。他指出：为了幸福，每个人都“需要制定目标，并付诸努力，而且至少要实现几个这样的目标”。

○秘密分为自然与人两种，人类对自身认知的空白或人们为防他人知道而隐藏的事情。浮士德对瓦格纳说：“掌握秘密的极少数人，愚蠢地将心扉全然洞开，将自己的满腔热情示人，总是惨遭迫害与火刑。”

○如果没有团队，从 0 到 1 是非常困难的。

○所有权、经营权和控制权。

○摇滚歌手鲍勃·迪伦曾说过，一个人不是忙着出生，就是忙着去死。

○一致的标志说明了志趣相投的一群人积极投身于公司使命中。

○最好的项目可能是人们忽视的项目，或没有大肆宣扬的项目；最好的问题是无人尝试解决的问题。

○重构世界，守护未来。

（2018 年 7 月 28 日晚上阅毕）

原则

（[美]瑞·达利欧著，刘波、綦相译，中信出版社 2018 年版，40.6 万字）

△共 3 部分：①我的历程；②生活原则；③工作原则。

○瑞·达利欧在这本书中分享的生活和工作原则，帮助他从一个普通中产阶级家庭的孩子成长为我们这个时代最成功的人士之一——任何人运用这些原则也都能达成自己的人生目标。

○原则是根本性的真理，它构成了行动的基础，通过行动让你实现生命中的愿望。

○独立思考并决定：①你要什么；②事实是什么；③面对事实，你如何实现自己的愿望……

○时间就像一条河流，载着我们顺流而下，遇到现实，需要决策，但我们无法停留，也无法回避，只能以最好的方式应对。

○成功是一把双刃剑。

○了解了人的个性，就能对其形成合理的预期。

○良好的原则是应对现实的有效方法。

○世界上最重要的事情是理解现实如何运行，以及如何应对现实。

○梦想 + 现实 + 决心 = 成功的生活。

○自上而下：努力找到这些东西背后的唯一驱动法则或规律。自下而上：研究每种具体情况及其背后的法则或规律。

○进化是宇宙中最强大的力量，是唯一永恒的东西，是一切的驱动力。一切终将崩解，只有进化永存。

○记住"没有痛苦就没有收获"。

○苦拼是对人的创造性和个性的考验，应从这些考验中挖掘出最大的价值。

○不要混淆你的愿望和事实，不要为自身形象担心，只需关心能不能实现你的目标，不要过于重视直接结果而忽视后续、再后续的结果；不要让痛苦妨碍进步；不要把不好的结果归咎于任何人，从自己身上找原因。

○用五步流程实现自己的人生愿望：①有明确的目标；②找到阻碍你实现这些目标的问题，并且不容忍问题；③准确诊断问题，找到问题的根源；④规划可以解决问题的方案；⑤做一切必要的事来践行这些方案，实现成果。

○伟大的期望创造伟大的能力。

○规划做得再好，不执行也无济于事。

○建立清晰的衡量标准来确保你在严格执行方案。

○先了解后决定。

○综合分析眼前的形势；综合分析变化中的形势；有效地综合考虑多个层级。

○不要把概率当作可能性。

○最好的选择是好处多于坏处的选择，不是毫无坏处的选择。

○撇掉无关细节，让重要因素及其相互关系呈现出来。

○为了拥有最好的生活，必须：①知道最好的决策是什么；②有勇气做出最好的决策。

○拥抱现实并妥善应对现实至关重要。

○追求想要的东西；通过头脑极度开放，从失败中汲取良好的教益；不断改变和进化，使自己能力更强、勇气更盛。

○保持开放的心态，同时也要坚定果断。

○实质重于形式。

○发现问题时，要把结果与目标相对照。

○一个机构就像一部机器，主要由两组部件构成：文化和人。工作原则：培育良好的文化、择选英才、打造并更新这部机器。

○专心协商大事时，别被琐事烦扰。

○不要仅盯着你自己的工作，还要关注如果你不在场，工作会如何开展。

○要确保公司里没有任何人比体系更强大，也没有任何人重要到不可替代。

○与他人合作可得三大益处：①共同努力比单打独斗能更强、更好地完成既定使命；②出色的人际关系会造成优秀的团队；③积累财富以实现和满足我们及他人生活所需。

○常言道："对于无法计量的事物，你肯定也管不好。"

（2018 年 9 月 1 日夜 11:10 阅毕）

混乱

（［英］蒂姆·哈福德著，侯奕茜译，中信出版社2018年版，21万字）

△共9章：①创造力；②团队合作；③办公环境；④即兴动作；⑤出奇制胜；⑥监管机制；⑦自动化；⑧适应能力；⑨生活。

○如何成为失控时代的掌握者。

○无聊是创意的天敌，警惕是创意的朋友。

○整洁的背后是循规蹈矩，是把人机械化；混乱的背后是自由独立，是让人更像人。

○人往高处走。人类根植于内心的攀登本能，让我们每个人都成为登山者。

○一次愉悦的交谈包含着许多意料之外的回应，一次新的合作可以带来新的思想和关注点。

○顶尖科学家总是在不停地改变自己的研究课题。据统计，那些科学家最先发表的100篇论文之中，平均切换了43次研究课题。

○天才数学家保罗·厄多斯和著名的罗伯斯山洞实验告诉我们：和谐让一个团队一事无成，而矛盾让一个团队硕果累累。

○伟大的民权运动领袖马丁·路德·金：即兴创作成就了我。

○怎样降低即兴创作的风险，提高成功率？①练习；②心甘情愿拥抱这种混乱；③学会聆听；④敢于放手，敢于冒险。

○英国前首相布莱尔的经历告诉我们：给复杂的世界确立一个简单的目标，有时只会适得其反。

○破窗效应和胃溃疡告诉我们：将整洁奉为信仰是错误且危险的。

○开放和灵活隐藏于混乱之中。

○这本书揭示了响应能力、应变能力和创造力比以往更大的价值，这些价值与无序有着很多内在联系，甚至可以说正是来自无序和混乱。

（2018年10月1日上午阅毕）

社群思维：精神商业时代的创新创业法则

（付岩著，中信出版社 2017 年版，15 万字）

△共 6 章：①社群思维横空出世；②拥抱精神商业时代；③人格化商业的魅力；④社群经济闪耀登场；⑤创业者的社群思维；⑥投资人的社群思维。

○社群思维是人性化生存法则，是一种关乎生存、关于价值的思维方式，它强调社群对于个人和企业的重要性。社群是一种具有共同价值观的精神联合体和利益共同体。社群思维是一种重视人的精神需求、关注人的价值观、打造精神联合体和利益共同体的思维方式及能力。社群思维让我们充满能量。

○精神商业是消费者需求的全面升级，这种升级表现为从实物或服务的功能消费需求全面跨越到精神层面的消费需求。

○爱因斯坦曾说："关心人本身，应当始终成为一切技术奋斗的主要目标。"也就是说，技术的本质与最终归宿是为人服务的，为人与自然、人与社会、人与自我的和谐发展服务。

○精神商业中用户的 6 种细分精神需求分别是安全感、重要感、新鲜感、成长感、连接感和贡献感。

○社群作为精神商业的孵化器，将对提高创业公司的成功概率发挥积极作用。

○人格就是一个人区别于他人、相对稳定的各种内外特性的总和。人格化，是指事物被赋予了一种拟人化的特质，是一种具有生动感、形象感、亲切感，并可以与真实的人进行某种连接的特质。

○"未来的中国，是一群正知、正念、正能量人的天下。"

○人格魅力：真实、大气、谦虚、诚信；冷静、乐观、自律、淡定；宽容、善良、严谨、理智；感恩、无私、勇敢、坚定。

○社群经济是以满足人的精神需求作为价值创造的出发点，以社群作为价值实现的精神载体，以平衡人的物质生活和精神生活为落脚点的经济形态，是人力经济、人性经济、人格经济。六种魅力：①精神需求统领各层次消费需求；②品牌人格化成为价值创造的起点；③有效用户社群是价值实现的载体；④消费者主权回归成为大势所趋；⑤互联网及大数据技术充分应用；⑥社会资源实现优化配置与共享。

○“道、法、术、器”出自老子的《道德经》。从道家思想的传承来讲，“道”是天道，是最终的真理，是囊括这个世界甚至更广阔时空的自然法则；“法”是规律，是寻道的手段，即应怎么跟着天道去做；“术”是方法，是法的表现形式，是建立在道与法基础上的、技术层面上的操作办法；“器”是工具，可以是有形的，也可以是无形的。

○生命不息，创业不止，这是绝大多数创业者的常态。正如 1924 年英国登山家乔治·马洛里在面对《纽约时报》记者“你为什么要攀登珠峰”的提问时，说出了那句著名的话：“因为山在那里！”

○有效社群的八个特征：①相互熟识，信任尊重；②积极参与，气氛活跃；③内容丰富，互动充分；④规范明确，机制清晰；⑤组织有效，激发能力；⑥归属心理，贡献意识；⑦凝聚力强，行动一致；⑧互助关爱，积极向上。

○创业开局十分重要。想要成功，就必须在一切发生之前研究结局。

○打造有效社群的“六脉神剑”。

（2018 年 10 月 6 日下午阅毕）

创新者的窘境

（[美]克莱顿·克里斯坦森著，胡建桥译，中信出版社2010年版，21万字）

△共两部分11章：一、为什么大企业会失败：①大企业为什么会失败，从硬盘驱动器行业获得的启示；②价值网和创新推动力；③机械挖掘机行业的破坏性技术变革；④回不去的低端市场。二、管理破坏性技术变革：⑤把开发破坏性技术的职责赋予存在客户需求的机构；⑥如何使机构与市场的规模相匹配；⑦发现新的新兴市场；⑧如何评估机构的能力与缺陷；⑨产品性能、市场需求和生命周期；⑩管理破坏性技术变革：案例研究；⑪创新者的窘境：概要。

○企业的资源分布取决于消费者和投资者；小市场并不能解决大企业的增长需求；无法对并不存在的市场进行分析；机构的能力决定了它的局限性；技术供应可能并不等同于市场需求。

○能力不足、官僚作风、傲慢自大、管理队伍老、规划不合理和投资短视显然是导致许多企业最终失败的主要原因。

○这些管理良好的企业之所以经常遭遇失败，是因为推动它们发展为行业龙头企业的管理方法，同时也严重阻碍了它们发展破坏性技术，而这些破坏性技术最终吞噬了它们的市场。

○破坏性技术的特点是：更简单、价格更便宜，而且性能更低。利润率通常更低，也不会实现更高的利润。领先企业中能带来最大利润的消费者通常不会使用，也不接受，首先在新兴市场或是不重要的市场投入商业化运行。

○杰出的管理并不能保护现有业务不受“破坏性技术”的影响。

○作者提出了破坏性创新的框架。

（2019年1月20日夜11:35阅毕）

暗趋势：藏在科技浪潮中的商业机会

（王煜全著，中信出版社 2019 年版，22.3 万字）

△三部分（15 章）：①世界运行的范式转移：不确定，更美好；②科技范式转移：寻找确定性机遇；③思维与行动的范式转移：活在未来。

○量子计算、云计算、物联网、第 5 代移动通信技术、人工智能、工业机器人、自动驾驶、大航天时代、混合现实、新材料（石墨烯技术、碳纤维材料、柔性电子材料、纳米材料）、生物医疗（基因编辑、精准医疗、癌症疫苗）。

○在我们生活的时代，你不需要拥有超能力，只要善于运用新科技，就有机会成为这个时代的超级英雄。

○越是在未来不确定的时候，在风险和机遇不能简单判断的时代，越需要掌握洞察趋势的能力。风险加剧，率先发现暗藏的未来趋势的人，将冲破时代的局限，创造一个崭新的未来。

○新范式绝不是旧范式的自然发展，而更像一种毫无关系的飞跃和质变。

○互联网将全世界真正变成一个“村庄”。

○科技创新分三个层次：第一层次是基础科研，第二层次是产品化过程，第三层次是应用扩展。

○为了能够真正实现积木式创新，一家企业必须着重关注以下三个层面的问题：①要有足够的长板，别人才会与你协作；②需要有能力聚集各方面的人才资源，达成共同使命和目标，建立企业；③要有支持创新的完整生态，企业的成功率才能提升。

○创意经济也叫创意产业，是一种在全球化的消费社会背景下发展起来的，主要强调创新创造力的经济规模。总体上看，创意经济是文化产业发展到一定程度的产物。

○共享经济的出现需要满足三个条件：供给过剩、共享平台，以及人人参与。

○掌握科技趋势是实现产业化的前提，但只有实现产业化，才算是真正掌握科技趋势，即秉持“一切只讲科技趋势不讲科技产业化时点的都是空谈”的原则。

○目前，物联网的应用开发主要有两大类：水平通用和垂直整合。最早提出物联网概念的是麻省理工学院的教授凯文·艾什顿。

○私人航天产业的繁荣会带来一个大航天时代。大航天时代和过去的大航海时代一样，对人类发展的意义巨大。

○科技发展三个规律：①科研突破无法预期，但科技的产业化时点可以预期；②竞争往往来自其他行业；③一种新科技刚出现时往往不成熟，它需要一个不断改进的过程。

○活在未来可分为活在三个不同的未来，即短期未来、中期未来和长期未来。对于大多数人而言，最为重要的是中期未来，也就是3—5年之后会成为现实的未来。把握中期未来的关键在于聚焦最有机会同时自己又最熟悉的行业，并且要具备三种能力：判断未来机会的能力，开发出未来所需相应技能的能力、掌握未来势能的能力。良好的心态是应对未来变革的重要武器之一。

○只有行动，你才能变得更有价值。

（2019年2月11日晨阅毕）

麦肯锡方法

（［美］拉塞尔著，张微微译，机械工业出版社 2018 年版）

△5 部分（21 章）：①麦肯锡思考问题的方法；②麦肯锡解决问题的方法；③麦肯锡推介解决方案的方法；④麦肯锡的生存之道；⑤麦肯锡校友的忠告。

○思考问题的方法：建立解决方案；探索分析问题的方法："二八法则"与其他。

○解决问题的方法：拓展客户、组建团队、层级管理、进行研究、展开访谈、头脑风暴。

○推介解决方案的方法：演示汇报、用图表说明问题、管理公司的内部沟通、与客户合作。

○麦肯锡生存之道：找到自己的导师等。

○"以事实为基础的；系统的；大胆假设、小心求证"的理念。

○解决商业问题时，要形成自己的观点，解题思路必须在保持其完整性的同时避免混淆和重叠。

○不要妄想烧干大海。要聪明地工作，而不是更辛苦地工作。很多数据都与你的研究问题相关，很多分析可以展开，但大多数你都得忽略掉。

○奋斗要有目的，失败也得败得光彩。

○成功进行头脑风暴的"准则"：①没有坏点子；②没有不值得回答的问题；③时刻准备扼杀你的观点；④知道适可而止；⑤好记性不如烂笔头。

○有效的商业信息有三个特征：简洁、全面、系统。

○真正的层级：客户、公司、你。

○一周中有一天不要工作，不要把工作带回家，事前做计划。

○以事实为基础，系统化的思维，再加上职业准则，会让你顺利实现目标。

○麦肯锡工具、意识、方法。

（2019 年 3 月 10 日晚上阅毕）

这就是OKR：

让谷歌、亚马逊实现爆炸性增长的工作法

（[美]约翰·杜尔著，曹仰锋、王永贵译，中信出版社2018年版，25.8万字）

△分上下两篇（21章）：① OKR的基本特征与实践；② OKR引领组织变革。

○美国著名棒球运动员、教练尤吉·贝拉："如果你不知道目的地在哪里，你可能永远无法到达。"

○ OKR的四大"利器"：聚焦、协同、追踪和延展。

○安迪·格鲁夫："尽管很多人都很努力地工作，但他们却没能取得什么成就。"

○营造健康的OKR文化：少即是多，自下而上设定目标，共同参与，保持灵活，敢于失败，OKR是工具而非武器，耐心、坚定。

○ J. K. 罗琳："是我们自己的选择而不是能力，展示了我们是谁。"

○ 2000年，比尔及梅琳达·盖茨基金会成立，这是世界上第一个以200亿美元作为启动资金的基金会。该会的宏伟目标为：每个人都值得拥有健康而充满活力的生命。

○米勒迪·霍布森："最大的风险是什么也不做。"

○谢丽尔·桑德伯格："交流可以改变个体思维方式，进而改变个体行为方式，最终改变组织行为方式。"

○穆罕默德·阿里（美国著名拳击手）：目标是推动我不断向前的动力。

○这本书是传奇风险投资人约翰·杜尔的作品，揭示了OKR这一目标设定系统如何促使英特尔、谷歌等科技巨头实现爆炸性增长，以及怎样促使所有组织蓬勃发展。

○ OKR聚焦于目标和关键结果的设定，通过四大利器——聚焦、协同、追踪和延展的综合作用，揭示了企业运营最重要的方面，使目标自上

而下地统一，确保管理者和员工处在正确轨道上，强化企业整体，提高企业业绩、工作满意度和员工保留率。

（2019 年 5 月 21 日晨阅毕）

智能商业

（曾鸣著，中信出版社 2018 年版，16 万字）

△ 6 部分：①智能商业；②商业模式变革；③战略变革；④组织变革；⑤案例分析；⑥关于未来。

○在线化、网络化、智能化是智能商业的三个创新方向，纵观当下异军突起的企业，无不是在这三个领域有极大的突破。“网络协同”和“数据智能”是新商业生态系统的 DNA，在万物互联的时代，只有智能商业的新物种才能生存和发展。

○马云：到 2036 年，阿里巴巴希望能服务 20 亿客户并创造 1 亿个就业岗位，帮助 1000 万个企业形成连通线上和线下的可赢利的业务，推动全球数字经济升级。“今天很残酷，明天更残酷，但后天会很美好。”

○互联网，毫无疑问是 21 世纪最重要的一场技术革命，它让当下的一切从根本上发生了改变。从网购、在线支付到社交网络，绝大部分人的生活已经无法离开互联网的各项产品与技术。实际上，互联网对于商业的改造远远没有结束，新的名词和现象层出不穷，这些其实都代表着互联网一浪接一浪的持续发展。想要理解互联网的本质切入点，不妨将目光集中在“互联网”这个词上，它也代表了互联网发展的三大阶段：联、互和网。

○互联网时代才是真正的网络协同时代。按需经济、共享经济、社群经济等，本质上都必须建立在网络协同的基础上。

○无数据，不智能；无智能，不商业。

○“活数据”三大重要特征：①全本记录，而非样本抽查；②先有数据，后有洞察；③数据就是决策。

○企业智能化 = 在线化 + 自动化。

○新旧商业的区别在于精准。精准，就是精确和准确，分别对应着网络协同和数据智能。

○黑洞，是一个让人望而生畏的词语，它有着极强的引力，能够将所有接近它的事物吞噬殆尽，甚至连光都无法逃脱。未来的智能商业有着像黑洞那样无限大的潜力与空间，可以包容一切的人、数据甚至时间。

○ C2B：未来的核心商业模式。

○“点—线—面—体”的定位逻辑。

○德鲁克将工业革命及之后的社会发展划分为三个历史阶段：工业革命、生产力革命和管理革命。

○在硅谷有这样一种说法：一个真正有能力的工程师的价值可能超过1000个平庸的工程师的价值之和，这也是谷歌和脸书这些公司强调极客文化的原因所在。

○创造力是未来最重要的生产要素，促进创造的唯一方法就是赋能。赋能，所传达的核心观念是如何让他人有更大的能力完成想要完成的事。

○“让听得见炮声的士兵做决策。”

○借助电商平台、社交平台和快反应供应链平台的三级支撑，网红电商的社会效应和经济效应与日俱增，甚至形成了一种新型的商业模式。

○“互联网+”。“互联网×”：新时代的开创者。

○未来将要发生的一切，会极大地超越我们今天所有的想象。

（2019年5月26日上午阅毕）

管理思想史（第6版）

（[美]雷恩、贝德安著，孙健敏译，中国人民大学出版社2012年版，57.9万字）

△4部分（23章）：①早期管理思想；②科学管理时代；③社会人时代；④现代。

○这是一部全面梳理西方管理思想演变历程的经典之作。

○管理实践古已有之，但对管理知识体系的正式研究则相对新鲜。管理思想就是关于管理活动及其职能、目的、范围的知识体系。

○罗马与生俱来具有坚忍、淡泊的特点，它征服了日渐衰落的古希腊文明。

○在早期管理思想中，占据统治地位的是反商业、反成就和很大程度上反人性的文化价值观。

○工业革命预示着一个文明的新时代的到来。生产要素：土地、劳动力、资本、管理。工业革命创造了一种新的文化环境和一系列不同的管理问题。

○泰勒是管理思想发展过程中的一个核心人物，“20世纪最具影响力的商界宗师”。他对效率的强调仍然是当代管理的一种主流价值观。

○现代人事管理的双重遗产可以追溯到19世纪80年代初期以及科学管理和“福利工作”运动的几乎同时兴起。科学管理的本质是一种工程学方法，聚焦于如何经济地使用工人，而福利工作的拥护者则竭力提高贫困者和不幸者的生活。

○管理和组织理论以两种形式出现：法约尔贡献的管理原则和管理要素，以及韦伯探索的一种理想的组织方式。

○源于对企业行为进行系统化的需要，科学管理得以兴起，它旗帜鲜明地宣扬效率和理性，为管理实践提供目标，并且为管理理论提供内容。

○玛丽·帕克·福莱特和切斯特·伊文·巴纳德是科学管理时代和社会人时代之间的桥梁。

○人际关系理论家寻求基于社会团结和协作之上的更高生产率和满意度。

○随着组织的成长和多样化，随着对于受过更广博教育的总经理的需要，唤起一般管理理论的呼声再度出现。

○社会科学家们大量涌入商学院，对管理思想产生了显著影响。

○组织理论的演变经历了多个阶段，从考察组织结构、权力层级、控制跨度、部门化以及其他一些相关概念，到考察外部决定因素（例如技术或环境）的可能性。

○运筹学研究被视为早期科学的问题解决办法的一种现代版本，同样也是管理者设法提高其解释、预测和控制事件的能力的现代版本。

（2019 年 6 月 21 日晚上 10:30 阅毕）

管理百年（珍藏版）

（[英]斯图尔特·克雷纳著，闾佳译，中国人民大学出版社2013年版，26万字）

△11章：①时间，市场的王道（1900—1910）；②技术，给效率插上翅膀（1911—1920）；③组织，井然有序的群体（1921—1930）；④人，才是未来（1931—1940）；⑤战争，管理思想的引爆点（1941—1950）；⑥营销，触动市场的脉搏（1951—1960）；⑦战略，高瞻远瞩的力量（1961—1970）；⑧戳穿管理的泡沫（1971—1980）；⑨追求卓越的冒险（1981—1990）；⑩权力的新平衡（1991—2000）；⑪新的管理世纪。

○这本书写的现代管理学史，严格地说是一部西方现代管理学史。

○观念很重要，它们有着改变世界的力量。管理，改变世界的力量。

○管理很简单。但管理的核心，却是最难掌握的东西。

○工业化属于19世纪，管理属于20世纪。

○法约尔拟定的“14条管理的一般原则”，也是管理的普遍特征：①劳动分工；②职权和职责；③纪律；④统一指挥；⑤统一领导；⑥个人利益服从整体利益；⑦员工的薪酬；⑧集中；⑨等级链；⑩秩序；⑪公平；⑫人员的稳定性；⑬主动意识；⑭团队精神。法约尔说，管理者需要计划、组织、指挥、协调和控制。

○决策是管理的核心。

○泰勒是从任务入手，福特则是从成本入手。

○松下幸之助和亨利·福特之间最关键的区别是，松下看出了商业中强大的道德伦理元素——公司不是单纯的生产工具，还是社会和个人福祉的载体。

○1920年，美国城市人口首次超过了农村人口。

○战争总是能以奇妙的方式把精明的管理人才汇聚在一起。它们造就企业，也粉碎企业。

○照猫画虎，徒劳无功。

○战略，高瞻远瞩的力量。英国著名军事思想家李德·哈特说：从实践的角度来说，为了挫败敌人，任何计划都必须考虑对方的实力。克服这类障碍最有把握的办法是制订一套能适应环境、随机应变的计划。如果想要保持这种随机应变的能力，同时又不放弃主动性，最好的办法就是沿着一条本身提供了备选目标的道路前进。

○德鲁克认为，目标管理是未来管理者“7 项新任务”中的首要任务。（①目标管理；②承担更多风险，目光更为长远；③制定战略决策；④构建完整的团队，团队中的每个成员都能根据共同目标进行管理，评估个人业绩和结果；⑤快速和清晰地沟通信息；⑥把企业视为一个整体，将管理者自身的职能整合其中，只掌握一两种职能相关知识的传统做法无法满足要求；⑦以联系的眼光看待企业，只专注于一个行业里少量产品的传统做法无法再满足要求。）

○贝尔宾根据从亨利学院独特“实验室”里获得的第一手观察资料，确定了构成理想团队的 9 种典型职能：尖子、协调者、塑造者、团队成员、完成者、执行者、资源调查者、专家、监测者和评估者。

○管理者比比皆是，领导者却如凤毛麟角。

○本尼斯从 90 位领导人身上确定了 4 种常见的能力：引导注意力、把握意义、赢得信任和自我管理。

○组织修炼大师彼得·圣吉说，光靠一个人为组织学习，已经不再够用了，不管这个人是福特、斯隆还是沃森。高层“想出办法”，其他人则服从“伟大策略家”的命令，也成了不可能的事。未来真正出类拔萃的组织，将会是那些探索出如何让各层级员工自觉学习，发挥出最大潜能的组织。

○荷兰皇家壳牌研究团队确认了长寿企业的 4 个主要特点：对自身所处的环境敏感，有凝聚力和强烈的认同感，宽容，在财务上保守。

（2019 年 6 月 24 日夜 11:35 阅毕）

领导力心理学：洞悉人生、激活团队

（[英]艾伦·卡特勒著，钱思玎译，人民邮电出版社2017年版，30万字）

△9章：①领导力来自哪里——提升领导力的7种理论工具；②当今领导者所面临的挑战——从管理创新到全球化的人才争夺；③员工激励——带团队，就是要激励人心；④高情商领导者——洞悉人心，才能激活团队能量；⑤领导力提升术——挖掘和提升核心领导技能的四个方法；⑥心理契约——发现员工未说出来的期望；⑦战略领导力——为组织确立前进的方向；⑧极致领导力——危急时刻，领导者该如何做；⑨未来领导者要掌握的五个方法。

○这本书综合了马斯洛、麦格雷戈、阿戴尔、弗洛伊德等人的领导力和心理学理论，以麦当劳、联合利华、宝洁、普华永道等世界知名企业为案例，简明清晰地提出了掌握核心领导技能的七个工具，介绍了应对管理创新、人才争夺等未来挑战的五个领导力方法，分析了洞悉人心、激励员工的四套工具、两个模型。这本书从实践层面上指引着领导者借助心理学原理与方法，提高自身的领导情商，发现员工的真实期望，激发员工的潜能和创新力，妥善应对危机和冲突。

○领导力是人类最基本的一种能力，是激发他人分享和拓宽自身眼界的能力。

○伟人理论：领导者是生而注定的；领导性格理论：成功领导者的性格特质；领导行为理论：领导者行为是可以后天习得的；情境领导理论：领导者应根据具体情境调整其领导风格；功能领导理论：平衡好任务、团队和个人；关系理论：关心和激励下属，引导员工同心协力；社会认同理论：建立共同愿景，调动员工的主观能动性。

○战略思维，战略规划。

○生存、政治、危机、作战领导力。服务型、真诚型、伦理型领导力。

○卓越领导者的五种行为习惯：①以身作则；②共启愿景；③挑战现状；④使众人行；⑤激励人心。

○霍珀和波特提出变革型领导者应具备的七个重要特质：设立目标、树立榜样、协调沟通、合理分工、激发下属潜能、授权给下属，在危机四伏的情境下，给出明确的指导意见。

○赫茨伯格是位临床心理学家，他认为“精神上的健康是人这一生最核心的问题”。

○战略是一种计划、模式、定位、视角、策略。

○博尔和霍伊博格认为战略性领导力的核心是三种品质的创建和维护：吸收接纳能力、适应能力、智慧管理。

○战略型领导者的五大基本技巧：①预测未来的威胁与机遇；②挑战现状；③建立学习型组织；④做出决策；⑤寻找利益相关者入伙。

○领导者的职责就是创造协同合作的工作环境。

○这本书别出心裁，从心理学角度探索领导者和被领导者的关系。

（2019 年 7 月 3 日晚上阅毕）

追求卓越

（［美］彼得斯、沃特曼著，胡玮珊译，中信出版社 2012 年版，28.6 万字）

△三部分：①定义“卓越”；②迈向新的理论；③回归基本面。

○八大特质：①采取行动；②接近顾客；③自主和创业精神；④以人为本；⑤亲身实践、价值驱动；⑥坚持本业；⑦组织单纯，人事精简；⑧宽严并济。

○思考比工具更重要，发挥才智远优于理性，行动比分析更为迫切。

○共同信念：①越大越好，因为这样可以获得规模经济；②唯有降低成本才可能制胜；③凡事都要分析；④铲除异议分子，譬如狂热的推介人；⑤管理者的职责在于决策；⑥掌控一切；⑦只要激励对了，生产力就会随之提高；⑧公事公办；⑨高层主管过于精明；⑩如果不再增长，那一切就完了。

○管理充分模糊和矛盾。斯科特·菲茨杰拉德：“能够同时思考两种对立的观念，而且思路依然缜密，才是第一流的智慧。”

○身为公司的一员，都有四项基本需求：①人需要意义；②人需要控制权；③人需要鼓励；④人需要由行动和行为来塑造态度和信念，而不是由态度和信念来塑造行动和行为。

○卓越企业几个基本的价值取向：①相信自己是最好的；②相信执行工作中细节的重要性，尽力把工作做好；③重视员工的差异性；④坚持优越品质以及服务；⑤大多数人员都应该积极创新，而且愿意容忍失败；⑥不拘形式地进行沟通；⑦肯定经济增长和获利的重要性。

（2019 年 7 月 22 日晚上阅毕）

八、社会发展与治理

人口原理

（[英]马尔萨斯著，朱泱等译，商务印书馆 1992 年版，7.5 印张）

△共十八章加“人口原理概观”。这本书第一版的书名为《人口原理，人口对社会未来进步的影响，兼评葛德文先生、孔多塞先生和其他著述家的推测》。

○这是二百多年来社科领域争议最多的一部著作。

○他是由法国革命引起政治争论而提出人口问题的。其主旨最初并不在于研究人口原理，而是适应政治斗争的需要。他从两个所谓永恒性法则出发，即“第一，食物为人类生存所必需。第二，两性间的情欲是必然的，且几乎会保持现状”。他认为：“人口的增殖力无限大于土地为人类提供生产生活资料的能力。人口若不受到抑制，便会以几何比率增加，而生活资料却仅仅以算术比率增加。懂得一点算术的人都知道，同后者相比，前者的力量多么巨大。”

○马克思主义认为，人口是人类历史和人类社会存在的前提，是社会生活和社会发展的一个重要条件。人口的数量和质量对社会发展具有重大影响，但不能成为社会发展的决定力量。

○所谓人口过剩，用马克思的话来说，就是赤贫。赤贫也就是人们失去了生产资料，只剩下活的劳动能力。

○马尔萨斯的人口理论就其基本观点来说是错误的，但在他的《人口原理》出版之后，人口问题广泛地引起了人们的注意，人口学说逐渐发展成为一门独立科学。

○“人口的增加必然受生活资料的限制。”

○任何享受如无节制，都有损于其本身的目的。

○生活上的困难有助于使人具有才能。

○“希望永远在人的胸中涌现，幸福的降临永远是在未来，而绝不是现在。”

（2017 年 12 月 27 日夜 11:40 阅毕）

灰犀牛：如何应对大概率危机

（[美]米歇尔·渥克著，王丽云译，中信出版社2017年版，28.9万字）

△共10章：①遭遇灰犀牛；②预测过程中会遇到的困难：抵触和否认情绪；③否认：为什么我们看不到犀牛群，为什么我们不能避开它们的奔袭路线；④得过且过：为什么我们已经看到犀牛群冲过来却仍然不躲避；⑤诊断：解决方案是对的还是错的；⑥恐慌：灾难迫近时的决策；⑦行动：顿悟之时；⑧灾后：危机也是一次不可浪费的机遇；⑨当危险远在天边：做远期计划；⑩结论：如何避险。

〇只有我们决定学习了，才能避免灾难。

〇一则波斯格言：一个人，如果无知，而且不知道自己无知，那么他就是一个蠢货，一定要远离他。一个人，如果无知，但是知道自己无知，那么其人可救，一定要教化指导他。一个人，如果有识，但是不知道自己有识，那他是在沉睡，一定要唤醒他。一个人，如果有识，而且知道自己有识，那么他就是先知，一定要跟随他。

〇不要害怕犯错误。控制自己的热情。预测是件复杂的事。挖掘群众智慧。坚持学习。

〇人类是唯一能提前预知未来事件的动物，这是一种祝福也是一种诅咒。我们如果能及时采取行动，就能降低灾害；如果我们一刻不停地为危险的到来做准备，就会变得筋疲力尽。

〇“失败同胜利一样，可以撼动灵魂，释放荣耀。”美国诗人埃德温·马卡姆写道。

〇到新的领域寻找危险信号，质疑原有的想法。战胜群体思维。防范故意否认抵触危险的行为。

〇热情必须在可控的范围内，太高会失控，太低会转变成不作为。

〇一分预防等于十分治疗。

〇得过且过是要付出昂贵代价的。选择正确的时间节点。变革奖惩机制。公平地分担成本。正确地计算成本、盈余和投资。有时候拖延是唯一可以选择的方式。

○乐施会认为，估计世界上 85 个顶级富人的净资产是 1.7 万亿美元，相当于 35 亿个穷人的净资产的总和。

○世界 500 强企业的平均寿命只有 40 ~ 50 年。

○充分认识你面前的灰犀牛式危机。正确定义危机的类型。信息可以产生强大的变革动力。不要因为以往的成功而骄傲自负。你不会总是一次就能找到解决问题的方法。

○旧事物衰败的时候，正是新整改崛起的契机。

○当我们不再处于恐慌和害怕的情绪中，才能很好地运用自己的推理能力和逻辑思考能力，做出正确的决定。

○慌乱的群体行为会把我们直接推上死路。建立数据完整的检测体系，防止非理性行为。尽早提高赌注。向流行病学、飓风、龙卷风和海啸的防御体制学习：预设机制；建立灾难应对步骤；自动运行机制。小心犀牛角（是一种春药，须谨慎使用）。

○在未来的 15 年内，世界人口对净水资源的需求量会超出供给量的 40%。

○到了你开始行动的那一刻，可能就已经来不及了。

○远离灰犀牛群攻击的最好办法之一，就是要与这群灰犀牛保持安全距离。当它们在远处时，千万记住不要靠近他们。

○“只有被整个社会所需要的时候，一个公司才有可能实现其长远目标。”——稻盛和夫。

○新的视角和新的词语能够帮助我们描绘未来图景。

○黑天鹅理论提醒人们注意那些意料之外的事件，让人们认识到其发生的可能性，在每一个黑天鹅事件的背后，都潜藏着一个巨大的灰犀牛式危机。

○灰犀牛是一种大概率危机，在社会的各领域不断上演。“黑天鹅”挑战我们的想象力和预测力，“灰犀牛”则挑战我们的应变力和行动力。

（2017 年 12 月 30 日夜 11:15 阅毕）

何以中国：公元前 2000 年的中原图景

（许宏著，生活·读书·新知三联书店 2014 年版，7.3 万字）

△共 5 个部分：①陶寺的兴衰；②嵩山的动向；③新砦的发轫；④大邑二里头；⑤中原与中国。

○讲最早的“中国”诞生的故事。

○“革命”一词，在中国古典文献中，本来指朝代更替，如“汤武革命”（《易》）等。这里则取其新意，也即社会政治变革，更进一步说，借用的是经典作家“一个阶级推翻另一个阶级的暴力行动”的概念。

○礼制的核心是等级制度。

○上世纪初，王国维创造性地用传世文献和地下文字材料互证的“二重证据法”，最终确认甲骨文和殷墟主人系历代商王，使商代后期的历史成为“信史”。

○美国艺术与科学院、国家科学院院士贾雷德·戴蒙德教授在《崩溃——社会如何选择成败兴亡》一书中，把一个社会崩溃的原因归结为 5 点因素，即生态破坏、气候变更、强邻在侧、友邦援助的减少以及社会自身应对之道，并认为最后一点至为关键。

○从城垣建筑技术的角度看，黄河、长江流域星罗棋布的城址可以分为三大群。一是黄河中下游地区，以夯土版筑城垣为主（黄河下游版筑与堆筑兼有），有的辅之以护城壕；二是长江流域，其特点是以宽壕为主，垣壕并重，城垣堆筑而成；三是以黄河河套地区为主的北方地区，为石砌城垣，一般依山而建。这三类城址，可分别称为土城、水城和石城。

○恩格斯《家庭、私有制和国家的起源》：“鄙俗的贪欲是文明时代从它存在的第一日起直至今日的起推动作用的灵魂；财富，财富，第三还是财富——不是社会的财富，而是这个微不足道的单个的个人的财富，这就是文明时代唯一的、具有决定意义的目的。”

○“贪欲是文明社会形成的动力。”

○“逐鹿中原”一词的含义，已知最早的出处是《史记·淮阴侯列传》“秦失其鹿，天下共逐之”，说的是距今两千多年前秦汉之际的事。后来成为争夺天下的代名词。“得中原者得天下”的概念，也不知起于何时，但以中原为中心的历史趋势，至少可以上溯到5000年以前。

○早期国家的疆域不同于现代国家。它没有“疆界”或“边界”的概念，没有非此即彼的一条“线”的区隔。

（2018年1月2日夜11:35阅毕）

重访美丽新世界

（［英］阿道斯·赫胥黎著，章艳译，中央编译出版社 2016 年版，28.5 万字）

△共 12 章：①人口过剩问题；②数量、质量和道德；③过度的组织化；④民主社会里的宣传；⑤独裁统治下的宣传；⑥销售艺术；⑦洗脑术；⑧化学药品的诱服力；⑨潜意识的诱服；⑩睡眠教学法；⑪以自由为目的的教育；⑫我们能做些什么？

○《美丽新世界》以小说的形式预言了一个机械文明下人类丧失自由与思考的可怖未来。它出版 28 年后的 1958 年，当初的预言慢慢开始成为现实，赫胥黎结合社会现实，从人口膨胀、组织臃肿、独裁统治、自由理念等关键话题入手，写下了《重访美丽新世界》。这本书对二战后人类社会的命运进行了精彩绝伦的分析，预言了世界两大主流意识形态的未来。

○宗教是一种对人生意义的思索。

○理性的宣传是民主社会所需要的，也是民主社会必不可少的，它让人们获得参与公民政治所必需的知识和信息。

○人类是不可能摆脱焦虑和挣扎的。

○真正具有革命性的革命不是在外部世界里取得的，而是在人的灵魂和肉体里。

○民主制度是否能生存，取决于大多数人是否有能力对充分的信息做出切合实际的选择；而独裁统治是否能生存，靠的不是理智和开明式自利，靠的是审查或扭曲事实，利用狂热、偏见和那种无意识地存在于每个人内心深处的强大力量，希特勒称之为“秘密力量”。

○没有自由，人类就不可能成为真正的人。

○地球国座右铭：集体至上、行动一致、社会稳定。

○徐贲认为：如果说《美丽新世界》描绘的是一幅极权乌托邦的景象，那么《重访》要阐述的便是这个乌托邦的寡头们如何实现他们对普通人的奴役……它讨论的是在新极权实现之前，有哪些统治手段可以使对人的彻底奴役成为可能。

（2018 年 11 月 3 日上午阅毕）

怀旧的乌托邦

（[英]齐格蒙特·鲍曼著，姚伟等译，中国人民大学出版社2018年版，11.1万字）

△共6章：①导言：怀旧的时代；②回到霍布斯；③回到部落；④回到不平等；⑤回到子宫；⑥结语：为了改变，请向前看。

○这本书是英国著名社会理论家齐格蒙特·鲍曼去世前不久完成的著作，他在书中指出，面对充满不确定性的未来，人们越来越希望回到过去，由此进入一个怀旧的时代。但是，要回到哪种过去？回到一切人反对一切人的霍布斯丛林状态？回到井水不犯河水、相互孤立的族群社会？任由社会两极分化？还是回到母体之中寻求终极的安全？作者对这些替代性选择一一进行了剖析和批判，并最后指出我们应相向而行，手挽手、肩并肩共同前进，加强整合而形成命运的共同体，否则我们将一起走向毁灭。

○权力斗争的首要利害或根本目标，就是划分（以及根据需要而随意划分）合法的与非法的、许可的与禁止的、法定的与犯罪的、可容忍的与不可容忍的强制惩罚的界限的权利。

○艾柯："谬误不一定以谎言的形式而存在，但一定以谬误的形式而存在。"

○人们曾经高举理性、效率和功利的大旗，不遗余力地发动反抗束缚人们选择的社会和道德纽带、强制性的义务与承诺，并追求现代性的战争。

○"随着进步的希望日渐黯淡，人们从传统遗产中寻求安慰。"

○根据瑞信公司最近的报告，在全球层次上，处于全球底层的人，大约有35亿，占到全球人口的一半，且只有全球1%的财富，即仅相当于全球最富有的85个人所占有的财富。

○人类陪伴，是一个有生命的人得以形成的最基本、最重要的基础。

○子宫往往是孤寂之所，但没有竞争者试图损害和削弱其唯一居民的地位或窃取其利益和特权，所以它是一个安全的、零挑战的、无干扰的场所。

○古往今来的很多思想家，都认为在未来的理想国度中，人们能够过上幸福的生活，并提出了各形各色的乌托邦假想。不过，很长时间以来，人们不再相信这种思想，对各形各色的乌托邦也早已失去信心。但是，人们对于美好愿望的渴望从来就没有停止过。这不，今天人们又在渴望另一种美好的愿望，只不过这次人们是向后看而不是向前看，关注的是回到那僵死的过去而不是创造鲜活的未来，可称之为怀旧的乌托邦。

（2018 年 12 月 3 日夜 11:40 阅毕）

规模

（［英］杰弗里·韦斯特著，张培译，中信出版社 2018 年版，40.9 万字）

△共 10 个部分：①大背景；②万物的尺度、规模、法则；③生命的简单性、一致性和复杂性；④生命的第四维：生长、衰老和死亡；⑤从人类世到城市世：一个由城市主导的地球；⑥城市科学的序曲；⑦走向城市科学；⑧从流动性和生活节奏，到社会联系、多样化、新陈代谢和增长；⑨迈向公司科学；⑩有关可持续的大一统理论和前景。

○未来，人类的命运将与城市、公司紧紧捆绑在一起。城市与公司是创新、财富、文明、艺术的发源地，不了解城市的生长规律，我们就无法理解现代生活；不清楚公司的成长模式，我们就无法理解科技、经济和社会组织的进步。这是每一个活在当下的人都需要努力弄明白的事。

○生命，性状相对稳定，能够自我复制。

○生物获取的能量中，一部分被用于长得更高、更大，另一部分则被用来维护现有的身体。

○规模决定了一个组织的最关键限制。城市，也是规模几乎决定一切。

○见识了数学的力量；成长方式决定宿命；胸怀决定格局。

○规模法则阐明了从生命体到城市，从经济体到公司的生长与衰败都离不开其自身规模的制约，并与其规模呈一定比例关系，遵守统一的公式。这一算法框架不仅为人类思考未知世界提供了难得的简单法则，而且能解答不同生命体的生长极限之谜，优化城市发展架构并找到推动经济实现可持续发展、公司从初创到卓越的生长曲线。

○帮助重新思考生命、认识自身。

（2018 年 12 月 15 日中午阅毕）

粮食危机：利用转基因粮食谋取世界霸权

（[美]恩道尔著，赵刚等译，中国民主法制出版社 2016 年版，28.5 万字）

△共 14 章：①官商勾结：华盛顿发动“转基因革命”；②奴颜婢膝：科学沦为政治的仆人；③望尘莫及：尼克松和狡猾的洛克菲勒兄弟；④居心叵测：基辛格的秘密《国家安全研究备忘录》；⑤运筹帷幄：左右未来的战争与和平研究；⑥如火如荼：发动全球“农业革命”；⑦技术霸权：粮食就是权力……⑧煽风点火：策动世界“粮食生产革命”。⑨落井下石：美国在伊拉克播撒民主的种子；⑩沆瀣一气：毁灭的种子播下“人间乐园”；⑪步步紧逼：“终结者”“背叛者”与避孕玉米；⑫趁火打劫：禽流感恐慌和转基因鸡；⑬登峰造极：末日的种子与猪专利；⑭骇人听闻：转基因玉米与大鼠的肿瘤。

○如果不加以遏制，这一小撮实施转基因生物计划的精英们会在十年到二十年内完全控制整个世界的粮食生产能力。

○实验表明转基因食品可能对免疫系统造成损害。（1998 年）

○从 20 世纪 60 年代开始，粮食与石油一起成为美国维持新经济霸权的关键支柱。

○基辛格提出：美国要将粮食援助作为“国家权力的工具”，对那些接受援助的国家来说，要么绝育要么挨饿。

○早在 20 世纪 30 年代，以洛克菲勒家族为代表的美国东海岸权势集团就开始勾画“美国世纪”的新愿景，其核心是在战后把美国变成全球商业帝国。其敏锐地意识到以“商业化农业”来主导全球农业市场的新模式，通过种子和化肥的输出，美国对全球农业技术的主导地位迅速成为美国政府在外交政策中的一件重要武器。

○为了把美国的商业化农业引入主要发展中国家，洛克菲勒家族又提出了“绿色革命”的理念，其实质是以传输先进农业科学和技术的方式来控制发展中国家的粮食生产。绿色革命向发展中国家输入缺乏繁育能力的新型杂交种子、昂贵的化肥和农业技术，使得接收国对美国的依赖越来越大，甚至被迫接受许多苛刻的政治经济附加条件。

○ 2003 年美国占领伊拉克后，开始在伊推广其转基因农作物。

○从全球范围内看，转基因大豆占全球大豆种植量的 56%，转基因棉花占到 28%。

○基因巨头：孟山都、陶氏化学、杜邦、先正达把它们的专利种子撒到了这个世界上。

○当阴谋绑架了智慧，科技沦为政治的奴仆，粮食已成为国际政治斗争的一个核心问题。

○具有公共品属性的粮食，直接影响经济发展和社会稳定。确保必需程度的粮食安全，是一国国富民强的基石。

○粮价暴涨，财富加速流向富有的产粮大国；粮食危机，凸显粮食的政治、金融、能源和人权属性。

○当粮食成为国际政治中的战略武器，发展中国家反击的唯一手段，就是重视本国的农业发展，并以科技成果保卫本国的粮食安全。

（2019 年 1 月 7 日晨阅毕）

国家的兴衰：

经济增长、滞胀和社会僵化

（[美]曼瑟·奥尔森著，李增刚译，上海人民出版社2018年版，22万字）

△这本书的主题是：一个社会政治稳定的时间越长，就越可能发展起造成更低经济效率的强大的特殊利益集团。全书共7章：①问题的提出与满意答案必须满足的标准；②集体行动的逻辑；③含义；④第二次世界大战之后的发达民主国家；⑤管辖权一体化与对外贸易；⑥不平等、歧视与发展；⑦滞胀、失业和经济周期：宏观经济学的演化方法。

○曼瑟·奥尔森（1932—1998），当代最有影响力的经济学家之一，美国马里兰大学经济学教授，公共选择理论的主要奠基者，主要著作：《战时短缺经济学》《没有增长的社会》《权力与繁荣》等。

○奥尔森一生致力研究的核心问题就是为什么有的国家兴盛发达，有的国家不断衰落。他从分利集团的多少、分利集团涉及范围的广泛程度等方面解释了第二次世界大战之后西方发达民主国家——美国、德国、日本等经济迅速增长的原因。同时，他对国家衰落的原因提出了一个一般性的解释，即大量分利集团、分利联盟的存在。奥尔森认为大量分利集团的存在可能会成为一个国家衰落的充分必要条件，但不存在大量分利集团却似乎不能够成为一个国家繁荣的充分条件，充其量它只能是一个必要条件。

（2019年1月8日晚上阅毕）

现代社会冲突

（[英]拉尔夫·达伦多夫著，林荣远译，中国人民大学出版社 2016 年版，25.5 万字）

△ 8 章：①革命和生存机会；②公民权利和社会阶级；③工业社会的政治；④极权主义的诱惑；⑤ 30 年光辉的岁月；⑥增长的极限；⑦阶级斗争之后；⑧一种新的社会契约。

○拉尔夫·达伦多夫是当代西方著名的社会学家，是西方社会冲突论的主要代表之一。这本书意在研究 20 世纪工业社会的社会冲突，尤其是经济合作和发展组织各国的社会冲突。其基本命题：现代的社会冲突是一种应得权利和供给、政治和经济、公民权利和经济增长的对抗。围绕着这几对矛盾，作者展开了深入的论述，表明自己的见解。书中也介绍和分析了很多西方著名社会学家的各种社会冲突理论，对了解和研究现代西方社会学理论，尤其是社会冲突大有裨益。

○工业革命首先是一场供给革命，它最终导致国民财富的巨大增长。

○各种革命是历史又苦又甜的因素。它们的过分的许诺有着高昂的代价，无法得到信守。然而，人总抱有希望，因而可以使人坚信革命的承诺。

○乔治·哈克威尔《辩护词》（1635 年）：当我同时唤起更加美好的希望，你却说，我正在败坏当今的时代；这也许是可能的，但并非如你所言，是我在败坏现代精神。

○达伦多夫认为："社会现象本身充满辩证关系，往往同时呈现出相互矛盾的二重层面，即稳定与变迁、整合与冲突、功能与反功能、价值共享与利益对立，等等。因此，既要从社会均衡角度研究社会现象，又要从社会压制角度研究社会现象，尤其要加强发展社会压制模式理论。"其社会冲突论的主要论点是："冲突是由于权力分配引起的，而不是由于经济因素引起的，因此，最好的办法是各种利益集团各司其事，这样虽时常会有一些小冲突，但却限制了严重冲突的集中爆发。”

（2019 年 8 月 3 日中午阅毕）

正义从哪里来

（熊逸著，民主与建设出版社 2019 年版，34 万字）

△ 11 章：①要幸福还是要公正；②何谓正义，是具体的目标还是抽象的准则；③高贵的谎言；④作为社群主义者的上帝；⑤从奥米拉斯的孩子到马厘岛的王妃；⑥自由意志的两难；⑦原罪的两难；⑧康德的失误；⑨正义的两个来源：强者的利益与人性的同情；⑩人的真实与必然的处境：不自由，不独立，不平等；⑪伟大的嫉妒心。

○大到战争、社会争端，小到人际纠纷、伦理问题，这是个充满矛盾的世界。所以从古至今，人们是如此渴求着正义，有关正义的问题也一直深深困扰着最杰出的才智之士。但是从古代中国的百家争鸣到西方世界功利主义、自由主义、社群主义，正义的观念一直是混沌的、模糊的。

○这本书围绕正义话题，分章从不同侧面阐述了：要幸福还是要公正，何谓正义，自由意志的两难，原罪的两难，康德的失误，伟大的嫉妒心……作者以缜密的思辨融会贯通古今中外代表哲人的相关思想，比如中国的儒家、道家、墨家，还有西方的苏格拉底、柏拉图、亚里士多德、蒙田、斯宾诺莎、卢梭、亚当·斯密、罗素、康德、哈耶克、弗洛姆、保尔斯等；并列举大量历史案例和文学经典，层层深入，探讨何谓正义、正义从何起源及如何实现正义。

○“人类几乎所有令人尊敬的特性都不是天性自然发展的结果，而是对天性的成功克服。”

○宗教也是一种武侠，宗教的世界也是一种武侠的世界。

○信息控制是主人控制奴隶的一项重要的管理技术。

○时间共同体和空间共同体共同影响着、塑造着我们每一个人，地域歧视就是最显著也最令人厌恶的一种表现。

○“没有任何无缘无故的事情，万物都是有理由的，并且都是必然的。”

○宗教信仰可以维护社会稳定，但难以追求社会公平。

○无论是物质财富还是精神财富，到底“值多少钱”，仅仅取决于我们有多么看重它们。

○一席融合古今、贯通中西的知识盛宴，一个具有独立思考能力的人的心灵地图。

（2019年8月17日中午阅毕）

经济与社会（第一卷）

（[德]马克斯·韦伯著，阎克文译，上海人民出版社 2010 年版，62.9 万字）

△导读；第一部分：概念讲解；第二部分：经济以及规范性权力和实际权力的角斗场。

○这本书概括了马克斯·韦伯对社会的学术观照。这本书是韦伯唯一的教学式重要论著。其定义之精确，类型学之复杂，历史背景之丰富，值得赞叹。

○“财富”的范畴并不仅包括实物，毋宁说，它包括了一个预算单元能够牢牢控制的一切经济优势，不论这种控制是通过习俗、利益作用、惯例还是法律实现的。

○“超凡魅力”用于指称个人的某种品质，而正是由于这种品质，他被看作不同寻常的人物，被认为具有超自然或超人的，至少是特别罕见的力量和素质。

○有产阶级、商业阶级、社会阶级。

○一个享有正面特权的有产阶级的主要含义在于：①它对昂贵消费品的独享；②它的销售垄断以及它在这方面实施系统化政策的能力；③它对未被消耗的盈余形成的财富积累的垄断；④它对因储蓄而出现的资本形成过程的垄断，即垄断利用借贷资金形式的财富，由此而控制工商业的行政管理职位；⑤它对（教育）成本高昂的身份特权的垄断，乃是典型的食利者，其收益来自人、土地、矿藏、设施、船舶、债权、证券。

○经济能动性群体满足需求的五种类型：①集体性自然经济下的大庄园类型；②市场取向的摊派；③为市场而生产；④资助型；⑤与正面和负面特权相关的税负与劳务。

○农民的命运受到了大自然的牢固束缚，深深依赖于生物过程和自然事件，经济上几乎完全不以理性的系统化为取向，因此，一般来说，只有在受到奴役或无产阶级化威胁的时候，农民才会成为宗教的载体，不管这种威胁是来自内部（金融的或领主的）还是来自外部的政治力量。

（2019 年 8 月 30 日晚上阅毕）

经济与社会（第二卷·上下册）

（[德]马克斯·韦伯著，阎克文译，上海人民出版社2010年版，80.7万字）

△上册：⑧经济与法律（法律社会学）；⑨政治共同体；⑩支配与正当性；⑪官僚制；⑫家长制与家产制；⑬封建制、等级制与家产制。下册：⑭超凡魅力及其变形；⑮政治支配与僧侣支配；⑯城市（非正当性支配）。

○官职是一项“职业”，这首先体现在需要经历一个规定的训练过程，它要求具备长期持续的完整的工作能力，并要通过普遍规定的专业考试作为受雇的前提。

○官僚制的结果就要取决于使用官僚机器的权势人物给它指引的方向。

○只要出现危难局面，不论那是生理的、心理的、经济的、伦理的、宗教的还是政治的危难局面，此时的“天然”领袖就既不是被任命的官员，也不是现代意义上的“职业人”，而是肉体与灵魂都具有特殊天赋，被认为是“超自然”的人。

○凡是没有出现战争与大规模竞猎的地方，都不会看到这种超凡魅力酋长。

○纪律的要旨不过就是对公认的秩序进行一以贯之的理性化，做出条理性的准备并加以准确实施，在这当中，一切个人异议都将被无条件中止，行动者将被要求不折不扣地执行命令。纪律源起于战争。

○城市可以说是其居民主要以商贸而不是农耕为主的聚落。三种类型：“消费城市”、“生产性城市”及“商业城市”。

（2019年8月31日晨0:10阅毕）

世界的逻辑

（［美］大卫·哈维著，周大昕译，中信出版社 2017 年版，32 万字）

△ 11 章：①城市危机的起源；②资本积累与流通；③资本积累与城市化进程；④从巴黎圣心堂的建造看城市历史；⑤时空压缩与后现代状况；⑥从管理主义到企业主义；⑦环境的本质；⑧工人运动与城市；⑨“新型”帝国主义；⑩金融危机的城市根源；⑪资本的演化。

○这本书搭建了理解世界运行规律的一般框架，试图通过一系列强大的理论工具来解释世界——世界经济发展不平衡、金融危机的城市根源、自然与社会变革之间的关系、资本的演化等。还试图用其方法论和理论思考来解读中国最新的发展状况，探讨中国资本危机的空间转移、中国的基建浪潮以及城市化的背景和隐忧。

○任何学科都是通过对现实情况的研究来发现问题和找到解决问题的办法，其途径就是包含了范畴、命题、关系建议和普通结论的理论框架。理论可分为三种类型：现状理论、反革新理论、革新理论。

○“用时间消灭空间”不是说不必关注空间维度。相反，它提出了有关空间的基本问题，即空间应如何以及通过什么方式进行使用、组织、构建和设置，以符合资本流通的严格时间要求。

○城市必须看上去具有创新精神，充满活力和创造力，此外还要安全，城市应该是居住、旅游、休闲和消费的理想场所。

○“金钱是滋养着未来人性的牛粪堆。”

○马克思对“只见特殊不见普遍，或只见普遍不见特殊”的常见错误观点都进行了批判。

○空间、场所和环境是地理学理论的核心概念。如何将空间、场所和环境三个主题实现有机统一又保持差异，这是所有地理学者需要面对的理论挑战。

○马克思在《政治经济学批判大纲》中指出：“具体之所以具体，因为它是许多规定的综合，因而是多样性的统一。”

〇纵观资本主义历史，城市化是吸引过剩资本和劳动力的主要方式。

〇中国之所以能够如此大无畏地推进城市化和基础设施投资，并在较短时期内彻底改变了中国国土内的空间地理面貌，在很大程度上要归功于中央政府对银行体系的有效控制，一旦经济滑坡，政府就可命令银行加紧放贷。

〇自 1750 年以来，资本主义兴起所释放的力量就多次重构了人类世界。

〇资本主义体系的内部压力构成了变革的动力源泉。

（2019 年 9 月 19 日下午阅毕）

不平等社会：从石器时代到21世纪，人类如何应对不平等

（[美]沃尔特·沙伊德尔著，颜鹏飞等译，中信出版社2019年版，50万字）

△七部分（16章）：①不平等简史；②战争；③革命；④崩溃；⑤灾难；⑥替代性选择；⑦不平等的卷土重来和未来的不平等矫正。

○自人类开始耕种、放牧，并把财产代代相传，经济不平等就一直是人类文明的显著特征。进入21世纪后，贫富差距在世界范围内不断扩大，经济不平等问题越发突出，甚至已经影响全球稳定。这本书回溯从石器时代到今天的经济史，从长远的时间维度追寻和解释经济不平等。从最早的文明危机谈到20世纪的灾难性世界战争、革命，颠覆性地指出经济不平等从不会悄然消失，大规模暴力和灾难才能够显著改变这一切，换言之，只有战争、革命、瘟疫和国家崩溃才能重新洗牌。几千年来，文明社会并没有让自己适应和平的平等化进程。

○“未来不再由少数人决定”：矫正效应的强化与巩固。

○“世界史中堪称革命性的时刻是正式爆发革命的时刻，而不是小修小补的时刻”：从暴力冲击到平等化改革。

○对未来的任何建议，虽然都有必要充分运用过去积累下来的经验，但不应该仅限于考虑那些获得这些经验过程中建立起来的部门利益。

○战争和革命释放的暴力越多，对社会的渗透越深入，它们就越有可能降低不平等。

○自人类步入文明社会以来，经济能力和国家建构的不断发展日益加剧社会不平等，但是，如果不采取措施对其进行控制，这一状况就难以改变。

○历史不能决定未来。从长远看，有可能走向这样一个奇点：所有人融合成一个全球互联的、人体和机械合二为一的超有机体，无须再担心不

平等。

○暴力和不平等问题是自阶级社会存在以来，人类社会一个经久不衰的主题，这本书提供的新见解：①在人类文明的进程当中，富人和穷人之间不平等差距（尤其是经济不平等）的增大和缩小交替而行，并且一直是文明的一个显著特征；②没有令人信服的经验证据支持这样的观点，即现代经济发展降低了不平等程度；③收入和财富分配的差异并不是具有社会或历史意义的唯一不平等类型，还有源于性别和性取向的不平等，种族和民族方面的不平等，年龄、能力和信仰等方面的不平等，教育、健康、政治发言权乃至机遇的不平等；④即使是以收入和财富分配的差异为标志的经济不平等，也主要聚焦于社会内部的物质资源分配，主要回答为什么不平等程度会下降，着眼于暴力冲击及其代替机制，它们对物质不平等的影响，以及识别矫正的各种机制；⑤一般只使用两个基本的指标：基尼系数和总收入或财富占比……

○暴力本身就是一种经济力。暴力是由经济状况决定的，经济状况给暴力提供配备和保持暴力工具的手段。

（2019 年 9 月 25 日晚上阅毕）

人口浪潮：人口变迁如何塑造现代世界

（[英] 保罗·莫兰著，中信出版社 2019 年版，25.5 万字）

△ 7 章：①引言；②人口数量的重要性；③盎格鲁－撒克逊人的胜利；④德国和俄国的挑战；⑤逐渐消逝的“伟大种族”；⑥ 1945 年以来的西方世界；⑦ 1945 年以来的苏联和东欧集团：冷战失败背后的人口学。

○以出生率、死亡率和移民为三棱镜，折射出从 1800 年人口起飞到特朗普修建“墨西哥墙”的全球人口发展历程。

○从人类文明诞生到 19 世纪初，世界人口达到 10 亿规模耗时数十万年，但从这一数字增至 70 亿规模则仅用了 200 年左右的时间。如今，人口增速已逐渐放缓。20 世纪 60 年代末期，地球人口数量大约每 30 年会翻一番，如今则是每 60 年翻一番。到 21 世纪末，全球人口很可能会完全停止增长。一些国家的人口数量已经开始下降。

○无论是马克沁机枪还是原子弹所带来的技术优势都无法永久维持，因为它们总需要军队来使用，于是，人口再次成为关键因素。

○人口不仅关乎国际事务，而且关乎国内事务。如果 2008 年的美国像 50 年前一样“白”，那么贝拉克·奥巴马可能就不会成为总统。

○三个因素可改变一个国家或地区的人口数量：首先是出生人数，它导致人口增加；其次为死亡人数，它导致人口减少；最后为移民，人口迁入或迁出的净流动。

○马尔萨斯认为：人口的力量远远超过了地球为人提供生存能力的承载力，人类迟早会以某种方式迎来过早的覆亡。

○人口增加的可能性有两种，二者必有其一，也可能同时存在。第一个可能是出生人数超过了死亡人数，第二个可能是迁入人数超过了迁出人数。

○如果人口规模未在 19 世纪大幅增长，英国便不可能在该世纪初发展成为世界工厂，也不可能在该世纪下半叶成为头号金融强国。

○人口增长的下降趋势在日益加重和人口规模下降的前景都已广为人知。

○国家不能随意决定孩子的出生数量，也不能决定特定年份中的死亡人数。

○人口发生于社会本身，在很大程度上受环境影响，也反过来塑造环境。

○ 1970 年，穆斯林占世界人口的 15%，到 2010 年，这个比例上升到了 23% 左右。而到了 21 世纪中期，这个数字预计会增长到接近 30% 的水平。如果成真，这将使信仰伊斯兰教的人口规模接近信仰世界最大的宗教基督教的人口规模。

○移民向来是以色列的生命线，如果没有移民，这个国家就不可能继续存在并实现繁荣。

○拉丁美洲分为南美洲、中美洲和加勒比海地区。2015 年，生活在南美洲的人口规模达 4 亿以上，中美洲为 1.7 亿，加勒比海地区为 4000 万。

○这本书对人口趋势的历史和可能的未来提供了启发性的观察视角。

（2019 年 9 月 26 日上午阅毕）

筑牢大国根基

（杜润生等著，中国文史出版社 2018 年版，31 万字）

△杜润生：中国农村改革之父；吴象：三农问题资深专家；王郁昭：为农业大包干报户口的人；吴仁宝：中国农民伟人；袁隆平：世界杂交水稻之父；陆学艺：开启“农村发展理论”研究先河；严俊昌：“大包干”带头人；陈锡文：中国最懂三农问题的人；温铁军：用双脚做学问的中国农民代言人；李昌平：两度上书总理的三农专家。

○农民现代化是要用现代化科学技术武装农业，实行高度集约化经营和高度社会化生产。

○农民的税费在 2500 亿～3000 亿元。

○靠思想教育调动群众积极性，靠党的政策调动群众的积极性，靠干部以身作则、模范行动调动群众的积极性。

○毛泽东在《论联合政府》中指出：“农民——这是中国工人的前身。将来还要有几千万农民进入城市，进入工厂。如果中国需要建设强大的民族工业，建设很多的近代的大城市，就要有一个变农村人口为城市人口的长过程。”半个世纪过去了，他当年的预言正在变为现实。

○杜润生：我在农村问题上有一条原则：尊重农民，让农民真正解放。

○吴仁宝：一人富了不算富，集体富了才算富；一村富了不算富，全国富了才算富。

○袁隆平：发展杂交水稻，造福世界人民，是我一生的最大追求。

○陈锡文：要尊重农民意愿和维护农民权益，把选择权交给农民。

○温铁军：中国的问题是农民问题，农民问题就是就业问题。

○李昌平：农民真苦，农村真穷，农业真危险！

（2019 年 10 月 5 日晚上阅毕）

社会与经济：信任、权力与制度

（[美] 马克·格兰诺维特著，王水雄、罗家德译，中信出版社2019年版，28万字）

△6章：①经济社会学；②心智结构：规则、价值和道义经济；③经济中的信任；④经济中的权力；⑤经济和社会制度；⑥个体行为与社会制度。

○经济并不是一个区别于其他人类行为的领域。它深深地嵌入社会关系中，并且与其他领域一样遭受着情感和观念的冲击，遭受着诸如宗教、科技、政治或法律的限制。尽管某些行为能够在传统经济学意义上解释为“人们朝着良好界定的目的而理性地行事”，但大部分人类行为难以适用于这一简单框架。行为者有时因对社会规范正当性的执着信念而遵循之，有时则是在无意识中遵循了它们。人们还会在没有明显理由的情况下信任别人。不同个人之间针对彼此的权力运用能对经济绩效产生重要的影响，哪怕这种权力有着非经济性的来源。

○尽管人们依赖于社会规范、文化、信任及权力来解决问题，但这些因素所提供的指导作用通常是模糊而复杂的。在这本书中，作者考察了问题解决者如何从多重原则中收集实用的解决方案以应对燃眉之急。

○经济与社会的关系；制度与行为的关系；不同治理模式之间的关系；经济学与社会学的关系。

○硅谷成功的另一个重要因素是工业界与斯坦福大学研究人员之间的热烈互动。斯坦福大学成立于1891年，以用实践的方式开展教育为使命。

○这本书深刻分析了个人行为、关系、社群、复杂网以及集体的制度与文化如何在一个动态互动过程中形塑我们的经济现象，是一部关于新经济社会学理论的经典著作。

○“经济行为嵌入社会网络”是大智慧。

○可帮助理解“关系”与“信息”在大数据时代的真正含义，带来新商业模式涌现的方法论启迪。

（2019 年 10 月 15 日夜阅毕）

倦怠社会

（［德］韩炳哲著，王一力译，中信出版社 2019 年版，7.2 万字）

△精神暴力；超越规训社会；深度无聊；积极生活；观看的教育；抄写员巴托比；倦怠社会。外二篇：倦怠社会；神圣时间。

○这是一部为当下全球化时代做出诊断的重要作品。

○否定性的社会已经消失，取而代之的是充溢着积极性的社会。从这一范式转移出发，韩炳哲展示了当今社会的病理形态，其中包括抑郁症、注意力缺乏症、过劳症等精神疾病。它们不是传染病，而是梗阻症；不是由否定性的、免疫学上的他者导致，而是源于过量的肯定性。因此，一切免疫学式预防和抵抗措施都失效了。作者的论述最终以一个社会愿景结束，他有意赋予其一个含有歧义的名称“倦怠社会”。其中，生命变成了生存，生存导向对健康的狂热崇拜，健康带来了疾病和僵死。失去了死亡的否定性，生命自身僵化成为死亡。

○过度的积极性还可以呈现为过度的刺激、信息和资讯，它从根本上改变了注意力的结构和运作方式。感知因此变得分散、碎片化。此外，日益增长的工作负担要求一种特殊的时间和注意力的管理技术，这反过来也影响了注意力的结构。

○尼采早已预言，在上帝死后，健康便将成为一个新的上帝。

○如果一个人只有去思考的能力，那么思想将迷失在一系列无止境的对象中。

（2019 年 10 月 20 日上午阅毕）

新城市危机——不平等与正在消失的中产阶级

（[美]理查德·佛罗里达著，吴楠译，中信出版社2019年版，22万字）

△10章：①城市矛盾；②赢者通吃城市化；③精英城市；④绅士化和它引起的不满；⑤城市的不平等；⑥大分层加剧；⑦拼布城市；⑧郊区危机；⑨全球城市化危机；⑩惠及全民的城市化。

○大都会城市的问题只是当今城市化知识经济的深刻危机背后的表象之一。收入不平等加剧和贫富差距扩大会减弱美国社会的流动性和制约美国经济的长期增长。

○新城市危机主要表现：①少数超级城市及高新科技与知识中心地区和世界其他城市之间不断扩大的经济差距；②超级城市的成功给自身带来的危机；③日益扩大的贫富差距、社会和阶级分化；④日趋恶化的郊区问题，如贫穷、攀升的犯罪率、愈演愈烈的财富分化和种族隔阂；⑤发展中国家的城市化问题。

○如何走出困境，实现惠及全民的城市化；①改革区划法规、建筑规范以及税收政策，让人口聚类的效应惠及所有人；②加大基建投资，提高人口密度并强化聚类作用，限制昂贵且低效的城市无计划扩张；③在城市中心地区建造更多的廉租房；④将低收入的服务业工作转换为可以养家糊口的工作岗位，扩大中产阶级群体；⑤通过对人和地区的投资解决集中贫困问题；⑥帮助发展中国家中城市化高速发展的地区构建更繁荣的城市；⑦授权社区和当地官员发展本地经济，应对新城市危机。

○美国，2013年，前1%人群的平均收入是其他99%的人群收入的25倍。

○不平等不是城市经济的偶然失误，而是城市经济的根本特征。它的产生因素正是推动经济发展的引擎。

○约15%的美国人——也就是4500万人口的家庭收入低于国家贫困线，他们的贫困正在加剧。

○ 2014 年《麦德林宣言》(第七届世界城市论坛):“城市是我们面临的众多重大挑战的核心，如气候变化、贫困、就业、公共健康，可持续能源和包容性发展。”作者：“城市化有巨大潜力，如提高生活质量、创造经济机会和提高国内生产总值，但我们无法单凭城市化本身实现这些目标，应该把城市和可持续城市化作为联合国最重要的议程。”

○根基不稳的中产阶层，未来处境可能还会变化：我称之为“软阶层”。正视城市危机，直面不平等，才能真正超越软阶层时代。

(2019 年 11 月 3 日中午阅毕)

大学的精神

（蒲实等著，中信出版社 2017 年版，31.6 万字）

△共七章：①哈佛大学：从绅士到精英；②耶鲁大学：卓越灵魂与领袖的摇篮；③斯坦福大学：硅谷的心脏；④麻省理工学院：一个让想象飞翔的地方；⑤牛津大学：现代绅士的摇篮；⑥剑桥大学：一个完美的读书地方；⑦海德堡大学：一个思辨之地。从氛围到环境，从历史到现实，从制度到精神，本书对 7 所世界名校进行了全方位的梳理，能为国内教育实践者、大学生、学生家长等反思教育现状提供优秀范例与方向。本书倡导“终身学习”的概念，“成为最好版本的自己”不应被限定于一个时段。读书求知，这个自我提升的过程也许并不依赖于外部环境，不在于你在哪里读大学。阅读这本书，可帮助读者燃起终身学习的信念，把这种智识生活的愿望长存于内心。

○无论在什么时代，“受教育”都是一个最低成本的提升通道，而美国著名社会心理学家马斯洛将它总结为，“教育是让一个人成为最好版本的自己”。

○哈佛教育是“自由教育”。在自由探究精神指导下的不预设目标、不与职业挂钩的教育。这是哈佛近 400 年的历史上从未背弃过的原则。

○哈佛基金达 260 亿美元，把剑桥、牛津甩出几条街。

○有近 400 年历史的哈佛，有 300 多年历史的耶鲁。传统的力量在保守的耶鲁，尤为体现出时间的威严。耶鲁的校歌是这样唱的：“为了上帝，为了国家，为了耶鲁。”在耶鲁，有一种从不公开表述、无法明确指明，却极被看重的高贵意识，那就是服务社会、贡献国家。

○斯坦福：我想影响人类。

○麻省理工学院的魔力在于为学生提供最集中、先进和有效的教育，天资聪慧、富于创新的年轻人同住同学，又有乐于奉献的教师朝夕相伴，由此产生的魔力是机器无法取代的。所有课程免费开放。

○怎样在一个信息时代学习和创新，是一所伟大学校应该探讨的课题。

○大脑，有意识、能感知自己；洞见的能力。

○在800多年的牛津大学历史上，它曾是高级教士钻研学问的地方，是国王的避难地，是王公贵族和世袭贵族子弟读书的场所。牛津人的时间观，是现世短暂与精神永恒的混合；闲暇与平凡的生活是如此值得珍惜，正如永恒的荣誉是如此值得追求，“就像你们会永远活下去一样学习，就像你们明天就会死去一样生活”。在牛津，静谧而缓慢流动的时间，有历史的荣光。牛津被打上了“贵族阶级大学”的标签，“牛津腔”也与统治阶级联系在一起。牛津是一个热爱知识与精神成就的地方。

○剑桥不是一个古板的大学，它对未来与创新有充沛的热情。“启蒙之所，智识之源”，这句拉丁语是剑桥校训。学院制。三一学院。学生及雇员总数一直占剑桥总人口的30%左右。剑桥人物：凯恩斯、拜伦、利维斯、徐志摩、达尔文、牛顿、李光耀、维特根斯坦。维特根斯坦于1951年4月29日死于剑桥。这位传奇的哲学家留给人间的最后一句话是：“告诉他们，我度过了美好的一生。”

○海德堡大学。马克斯·韦伯，现代社会学奠基人。在《海德堡岁月》一书中，尼古劳斯·桑巴特曾半开玩笑地开出成为知识公民的基本条件：1万本书；3打哲学体系；2000种音乐作品；2万件造型艺术作品；1万条历史数据；5000本传记；20001条自然科学知识。要获取这样的基本知识，大概要花20年时间。以一种宁静而有限的眼光来看这个世界，并对所看到的世界感到满足，对于求知事物的渴望，以及对各种限度的疑问——所有这些都是哲学。

○德国没有大学入学考试，一般说，学生只要通过中学会考，就可以申请任何大学的任何专业。

○一所大学的精神所在，是它要特别对历史和未来负责，而不仅是对现在负责。

（2017年8月6日晨0:10阅毕）

财富的是与非

（［美］亨特·刘易斯著，任月园译，东方出版社2009年版，8.4万字）

△关于富人和穷人的经济学。全书共十二个部分：经济学核心问题；富人；民主社会的富人；利润创造；获利与萧条；全球利润制度；不平等加剧；贪婪；政府；中央银行；四大经济价值体系；调和冲突观点。正反两说。

○“无处不中庸，中庸之中亦有中庸。”

○没有经济上的民主，就不可能有政治上的民主。

○根据美国国内税务署的报告：自开始统计400名最大的纳税人以来，9年中，只有1%的人能每年都出现在名单上。

《福布斯》杂志报道说：自编制最富有的400名美国人名单以来，22年中，只有50个人（占13%）能始终待在榜上。

○马克思认为：利润制度能够降低价格。

○零和游戏是指一项游戏中，游戏者有输有赢，一方所赢正是另一方所输，所以游戏的总成绩永远为零。

○逐利市场的自私贪婪不利于就业稳定。

○在一国经济中，要实现就业稳定，就得保持价格稳定。

○经济学家威廉·卢卜克：“〔政府〕越要稳定，经济越不稳定。”

○米塞斯学院的院长卢埃林·罗克维尔：“越是经济低迷时期，政府就越容易实行贸易制裁和保护主义，从而造成悲剧性破坏。”

○我们需要在物质和精神之间找到平衡。

○自从理念村于1967年创立以来，其生活方式就反映了共同的价值观：合作、分享、非暴力、平等及保护生态。

○“平均主义”“共济主义”“互惠主义”“博爱主义”。

（2017年9月30日下午阅毕）

创新力社会

（[挪]特维德著，王佩译，中信出版社 2017 年版，35.8 万字）

△共 7 部分：①创新力如何发展；②创新力的兴衰；③创新力改变人类；④否定论的兴起；⑤社会沉疾；⑥理性的天敌；⑦拯救创新力。

○以宏大的笔法写出人类发展历程中，创新力的诞生、发展、起落，以及如何利用创新力解决社会发展面临的问题与挑战。

○释放创新力，提高适应能力。只有凭借创新力带来的无限力量才能克服当前面临的挑战和危机。

○大自然拥有无限的创新力。达尔文说过，此类奇迹通过物竞天择、自然选择，加上随机变化，就会自然出现。而这种看似简单的组合就能够形成创新力。

○人类文明的繁荣发展需要依靠人类自主产生的创新力，而这种创新力只有在系统同时拥有以下 5 大要素时才能产生：①个体单元；②变革驱动者；③有效网络；④共同记忆；⑤竞争。

○将约翰·洛克、托马斯·霍布斯和孟德斯鸠三人的思想整合起来，我们就会初步掌握创新文明的基本要素，主要包括：①个人权利，如言论自由、法律面前人人平等；②社会契约，即公民遵守法律、依法纳税的义务和政府执法的权力；③权力分解。有趣的是，这三个要素还可以被归纳为促进双赢理念和分解事务这两个过程。

○直至 1000 年前，西方各国还在世界赤贫国家之列。但是，随着它们的创新力萌芽，从 1450 年开始，其创新力几近爆炸。在之后的 250 年间，西方各国在军事、经济、文化和科技领域取得了无人能及的全球统治地位。

○导致罗马帝国覆灭的原因：缺乏经济效益；奴隶缺乏忠诚，更没有任何创新的动力；等等。

○无政府状态、暴政状态和民主状态。

○合作让我们变得更有创新力，创新力让我们开展合作。

○ 140 以上接近天才；120 ~ 140 非常优秀；110 ~ 120 智力优秀；90 ~ 110 正常智力；80 ~ 90 略有迟钝；70 ~ 80 低能临界；70 以下，智力缺陷。

○影响力 = 人口 × 财富 × 技术。

○麻省理工学院的达龙·阿西莫格鲁和哈佛大学的詹姆斯·罗宾逊在他们的著作《国家为什么会失败》中，经过长达 450 页的分析，得出结论：国家失败，是因为国家创造经济的机构没能激起人们对节约、投资和创新的需求。

○我们可以解决问题，可以想出办法，可以让世界变得更加美好。

○取得成功需要合作而非高压。成功总是垂青努力实现自愿双赢交易的人，而非大规模的社会工程师。

○令人信服的反对者、避免过度制度化、保卫启蒙、文化与理性。

○摒弃停滞的世界观，要拥有创新的世界观。

○创新力是应对经济和社会发展中出现的种种挑战的关键。

（2019 年 4 月 8 日晚上阅毕）

较量：乐观的经济学与悲观的生态学

（[美]保罗·萨宾著，丁育苗译，南海出版公司 2019 年版，13 万字）

△共 6 章：①生物学家的援救；②关于增长的梦想和恐惧；③聆听卡珊德拉；④乐观主义的胜利；⑤两极化的政治；⑥赌一赌地球的未来。

○经济学家朱利安·西蒙与生态学家保罗·埃利希曾经打过一个赌，用五种金属的价格变动，预知未来的世界。双方各买入一千美元的铬、铜、镍、锡、钨五种金属，约定十年后除却通货膨胀因素，如果金属价格上涨，则证明地球资源稀缺，西蒙认输；如果价格下跌，证明地球的资源仍然富足，埃利希认输。这场赌局抓住了公众的好奇心，也被视为美国自由派与保守派的对决。这场经济学家和生态学家的较量，是日益两极分化的美国政治论辩的缩影，也让人们看到，当学术辩论与政治斗争交融，真理未必能越辩越明。透过《较量》，得以审视这样一个问题：美国的科学如何影响政治，美国的政治如何影响科学。

○埃利希认为维持可持续发展所需的人口数量极少，曾多次表示这一数字大约只有 1970 年 37 亿世界人口的 17%（约 6 亿人），也有更为普遍的看法认为是世界人口的 40%（约 15 亿人）。

○西蒙认为："在我看来，人口爆炸并非灾难，而是一场人类的胜利。人口增长得过快还是过慢，是基于价值观做出的判断，而非科学。"

○海尔布罗纳认为"只能想象出两种结果"：要么不发达国家陷入社会动荡，要么"能够阻止世界坠入地狱"的高压政府崛起。

○肯塔基州的民主党人沃尔特·赫德尔斯顿则表示这是"自然供给与人类需求之间的冲突……无论是地球、美洲大陆还是美国，都不能再被当作资源取之不尽、用之不竭的永恒之泉了"。

○卡特抱怨美国"现在缺乏可以理解的、清晰的国家目标"。他呼吁美国采取果断行动，从道德层面解决问题。卡特引用《圣经》中的典故："如果号角的声音含糊不清，谁还会为上战场做好准备？"

○里根说：“人类改变自身境遇的能力远远超出我们的想象。”他讥讽卡特对美国未来的悲观态度。

○康恩认为：“地球没有理由养不活三百亿人口。”

（2019 年 5 月 24 日晚上阅毕）

寂静的春天

（[美]蕾切尔·卡森著，王晋华译，中国画报出版社2016年版，17.2万字）

△本书共十七章：①明天的寓言；②忍耐的义务；③死神之药；④陆地之水；⑤土壤王国；⑥地球的绿色斗篷；⑦无妄之灾；⑧消失的歌声；⑨死亡之河；⑩祸从天降；⑪超乎想象的后果；⑫人类的代价；⑬小窗之外；⑭四分之一的概率；⑮自然的反击；⑯雪崩的轰隆声；⑰另一条路。

○阿尔伯特·施韦泽说：“人类失去了预见和预防的能力。他们会因毁灭地球而灭亡。”“人们甚至还不认识自己创造出的魔鬼。”

○自然界中没有孤立的事物。

○人类的几步错误就可能导致土地生产力的毁灭，最终昆虫会接管整个地球。

○水、土壤和地球的绿色斗篷——植物，共同组成的世界滋养着地球上的动物。

○新环境下的健康问题可谓纷繁复杂：有辐射引起的，也有包括杀虫剂在内的化学品开发大潮所引发的，这些化学品已遍及我们生活的世界了，它们或直接或间接，或单个或集体地毒害我们。

○一些新的方法非常诱人，试图让昆虫窝里斗——利用昆虫自身的力量来消灭同类。其中最令人叹为观止的是“雄蚊绝育”技术。

○如果有鸟类和蚂蚁保护森林，还有蝙蝠、猫头鹰，说明生态平衡已改善。

（2017年11月26日晚10:30阅毕）

九、全球化

斗而不破：中美博弈与世界再平衡

（周文重著，中信出版社 2017 年版，12.1 万字）

△共 7 章：①大国角力：中美关系的冷与热；②中美关系，“球”在美方；③中国的崛起与世界；④全球经济治理之中国角色；⑤后危机时代的中美经贸关系；⑥我眼中的美利坚；⑦未来 10 年，中美关系向何处去。

○政治觉悟、政策水平、业务素质、知识功底、智商情商，十八般武艺，缺一不可。精于判断，敢于担当，善于成事。

○牢记历史，才能看清未来。

○中美关系呈现出“好也好不到哪里去，坏也坏不到哪里去”的状态。

○“新兴大国”与“守成大国”。

○中国发展战略的“三不”原则，即永不称霸，永不扩张，永不谋求势力范围。

○行动比承诺更重要。

○美国的国家战略就是维持美国在全球的领导地位。

○要成功应对这些挑战和解决这些问题，中国不可能走美国或其他任何发达国家走过的道路，而必须实现超越：①超越旧式工业化道路，继续推进新型工业化；②超越历史上后起大国的传统发展道路和以意识形态画线的冷战思维，同世界其他国家一道努力实现和平、发展与合作；③超越不合时宜的社会治理模式，致力于构建社会主义和谐社会，使全体人民共享改革发展的成果。

○市场机制和政府干预相辅相成：虚拟经济与实体经济要协调发展；财富增加和社会分配要公正公平。

○中国的优势在制度。美国著名未来学者奈斯比特认为，中国的制度优势有利于激发发展活力并保持政策的稳定性和连续性，这对经济发展至关重要。

（2018 年 9 月 29 日晨阅毕）

理解空间：20世纪空间观念的激变

（冯雷著，中央编译出版社2017年版，15.3万字）

△5章：①20世纪初绘画空间的变异及其意义；②心理学路径与20世纪初的空间哲学；③20世纪初人类学从地理空间转向文化空间；④人的本质与空间的构造；⑤后现代空间论与全球化空间。

○可以从三重维度上界定空间，即物质的维度、行为的维度和文化的维度。

○所谓物质的维度，可以大致理解为人们所说的自然空间。根据宇宙物理学假说，大约150亿年前发生了一次大爆炸，我们的宇宙和全部物质由此诞生，时间和空间也由此产生，地球、生物以及人类的肉体和灵魂等由此衍生出来。所谓社会时空，只能是从属于自然时空（即物质的时空），而非对应于自然时空；自然时空不是借助于社会时空才得以成立的，相反，社会时空依赖于自然时空才得以成立。所谓行为的空间，即由动物的空间行为（包括空间认知和空间活动）所产生的空间。它并不是指发生行为的那个场所（即物质的空间），而是指动物凭其空间智能和空间行为建构出来的空间，是在物质空间基础上发出的次生空间。

○就人类而言，世界不仅是物质的和行为的，而且是文化的。文化是标示意义的符号体系，庞大的符号体系构成了符号空间，即所谓文化的空间。

○时间和空间中的一切距离都在缩小。

○古希腊时代以来，空间就是孕育各门学科的母体。近代以来，达·芬奇、笛卡儿、牛顿、莱布尼茨、康德、黑格尔、爱因斯坦等思想巨人，皆因对空间有独自的感悟才创立了新学说。

○当人们会聚于一个特定的场所（如会场、餐厅等）中的时候，处于较高地位的人总要占据宽敞、核心的位置，而地位低的人则要退居偏僻、局促的位置。这表明社会关系会投身在空间关系中。

○黑格尔：“精神本身是自由的”，“理性和自由永远是我们的口号”。

○弗洛伊德认为：心理学的任务是要揭示人的无意识心理过程。

○任何时代的理论和思想的背后都隐藏着那个时代特有的时空体验。

（2019 年 6 月 15 日晚上阅毕）

战士的荣耀：民族战争与现代良知

（［加］叶礼庭著，成起宏译，中央编译出版社 2017 年版，15 万字）

△共 5 部分：①电视的伦理学；②微小差异的自恋；③道德厌恶的诱惑；④战士的荣耀；⑤我们想要从中醒来的噩梦。

○叶礼庭穿梭于各种民族战争景象之中，跟随联合国秘书长探访卢旺达大屠杀背后的政治势力，与国际红十字会一起在阿富汗经历严重的人道危机，在南斯拉夫见证兄弟间的仇恨……身处这些残忍、血腥、反人道的战争之中，他几近绝望，但同时看到了可能的出路：新的国际道德干预主义者（救援队、战地记者与外交官）试图在世界范围内弥补人类的身体与精神创伤，而“战士的荣耀”准则随着一系列国际公约的签署，在我们心中存续，帮助我们从战争与野蛮中醒悟过来。

○饥荒和民族战争将大量不同的个体研磨成完全平等的纯人类单位。

○阿富汗人是在各文明之间——伊朗、印度、中国——多事的缓冲地带的边界民族，与从亚历山大大帝到英国军队的每一方都战斗过，顽强地保持独立到现在。

（2018 年 1 月 19 日下午阅毕）

地理与世界霸权

（［英］詹姆斯·费尔格里夫著，胡坚译，浙江人民出版社 2016 年版，22 万字）

△本书从地理及其与历史之间关系的视角，阐释了各个文明、民族与国家不同的发展历程及其呈现出的多样化特征，强调诸如地势、热量、水分、植被、海陆分布等地理因素的作用，并着重分析了其对人口与族群、迁徙与殖民、战争与政治、生产与经济、知识与技术等方面的影响，在地理条件与历史进程交织和互动的宏大视野之下，呈现出一部视角独特而别有洞见的人类文明发展史。

○世界历史主要是北纬 30—60 度的温带地区的历史。

○文明的第一缕曙光之所以会出现在埃及，是因为那里有丰富的水资源和温暖的气候，而且受到地理条件严密保护。

○人类不仅生活在最容易生存的地方（即有更多的能量可以利用的地方），而且迁徙时也是朝着最容易行动的方向（即行动时消耗能量最少的方向）。

○在史前时期，欧洲基本上是与亚洲相分隔的。

○来自大平原的入侵者：一是来自北欧的留着大胡子的条顿人，二是来自亚洲平原的胡须很少的鞑靼人和蒙古人。

○世界三大一神论宗教：犹太教、基督教和伊斯兰教均诞生于阿拉伯半岛及其毗邻地区。

○罗马帝国的发展是以罗马城为中心，法国的发展是围绕着巴黎进行的。

○中国历史的开始时间远较埃及为晚，且稍迟于巴比伦尼亚。埃及所具有的受到大自然保护的理想位置是世界上绝无仅有的，但中国并不存在像撒哈拉沙漠那样能为埃及河谷地带提供完美保护的地理条件。中华文明的起源也是地理条件作用的结果。

○中国的凝聚力不仅依靠有一个强有力的中央政府，而且也得益于其人民的同一性，他们有相同的生活理想和风俗习惯。

○西属美洲是对15世纪末到19世纪之间西班牙在美洲拥有的殖民地的统称，包括南美洲、中美洲大部、墨西哥、古巴、波多黎各、多米尼加及其他加勒比海沿岸小国。

○澳大拉西亚是指大洋洲的一个地区，包括澳大利亚、新西兰、新几内亚以及邻近的南太平洋诸岛。

○ 19世纪末20世纪初，拉采尔、契伦等学者为作为一门独立学科的政治地理学的发展奠定了基础，并提出了“地缘政治”的概念，从而推动了相关研究在20世纪上半叶的迅速发展。本书正是在20世纪初政治地理学研究兴起的背景下出现的一部专著，通过引入“地理条件”“能量”“支配作用”等概念，以系统的解释框架梳理了世界历史演进的脉络。

（2018年2月3日上午11:30阅毕）

枢纽：3000年的中国

（施展著，广西师范大学出版社2018年版，50万字）

△上篇：作为“中国”的世界：①地理与历史；②第一轮历史大循环：封建社会；③第二轮历史大循环：豪族社会；④第三轮历史大循环：古代平民社会。下篇：内在于世界的“中国”：⑤从古代向现代的转型：帝国余晖；⑥进行中的第四轮历史大循环：现代平民社会；⑦中国经济的崛起与世界秩序的失衡；⑧世界历史民族的精神自觉。试图在一种新的全球史视野下，重新理解传统中国以及以中国为文明核心的东亚世界的历史；并把这个东方世界与西方世界的相遇作为伟大的中国革命的历史背景考察中国的现代化进程。

○中国作为一个超大规模国家，从内部来看，它是个体系，从外部来看，它是现代世界秩序当中的海陆枢纽；中国也正是因其内在的体系性，成就了其外在的海陆枢纽地位。

○历史是个运动的进程，人性的激情是其根本动力。

○只有能够作恶，才能够为善，因为此时才是一个能够用“善恶”来衡量的人；动物只服从本能，无精神自觉，从而无法作恶，也无法为善。

○中国的规模太大，大到成为国际秩序当中的自变量，无论是强是弱，其存在的本身都可以某种方式定义国际秩序，从而使中国无法以民族主义的方式获得可欲的国际环境。

○晚清时，力主改革的洋务派多为汉臣，而力主守旧的理学宗师却是出身蒙古正红旗的倭仁，提出“立国之道尚礼义不尚权谋，根本之图在人心不在技艺”。

○在资源稀缺的小共同体中，最低成本的组织模式就是以宗教为核心形成的。

○西南地区的居民，有两种来源，一种是长期居住当地的土著，一种是在中原帝国的扩张压力之下逃入深山的人群。西南的政治属性，无论是在古代还是近代，它始终作为中国历史当中的一条支线，虽无法形成全国性的影响力，却也是无法忽视的历史主体。

○在王安石所代表的新党看来，司马光所代表的旧党无疑是迂腐不切实事之辈；在司马光一派的旧党看来，王安石一派的新党多有心术不正、投机钻营之徒。

○轴心文明帝国必须作为一个能够安顿中亚秩序的大陆帝国存在，如果它不能安顿中亚，则甚至无法成就自己。

○野心、欲望、理想、激情，各种人类情感的汇聚与冲撞，会带来精神外化为现实的结果。

○未来的世界秩序是由中国加入这个秩序的过程所定义的，未来中国的成长也只能在这个过程中实现。这样一种历史过程，正呼唤着中国作为世界历史民族的精神自觉。

○大国的自我超越：实力、理想、制度；海洋秩序与陆地秩序（海上争霸是塑造全球秩序的主线，陆地争霸则是塑造区域秩序的主线）；海洋霸主的自我超越：从英国到美国；陆地霸主的自我超越，以德国为例。

（2018 年 2 月 19 日晚 10:40 阅毕）

枪炮、病菌与钢铁：人类社会的命运

（[美]贾雷德·戴蒙德著，谢延光译，上海译文出版社2016年版，33.5万字）

△本书分四部分：从伊甸园到卡哈马卡；粮食生产的出现和传播；从粮食到枪炮、病菌与钢铁；在五章中环游世界。

○这个著作中，作者揭示了事实上有助于形成历史最广泛模式的环境因素，从而以震撼人心的力量摧毁了以种族主义为基础的人类史理论。

○农业、轮子、文字、冶金——先进的东西。

○现代人祖先在大约700万年前从现在的类人猿的祖先分化出来后，地球上的所有人类大部分时间都是靠猎捕野兽和采集野生植物为生。只是在过去的11000年中，有些民族才转向所谓的粮食生产：就是说，驯化培植野生动植物，以因此而产生的牲畜和农作物为食。

○在20万种野生植物中，只有几千种可供人类食用，只有几百种得到或多或少的驯化。

○文字史引人注目地表明了类似的情况：地理和生态条件影响了人类文明的传播。

○从古至今的盗贼统治者混合使用的4种办法：①解除平民的武装，同时武装上层掌权人物；②用通行的方法把得到的财物的很大一部分再分配给群众来博取他们的欢心；③以武力的绝对控制来维持公共秩序和制止暴力以促进社会幸福；④制造一种为盗贼统治辩护的意识形态或宗教。

○中国是怎样成为中国人的中国的？

○在许多警句中都有历史不过是一大堆细节这种认识："历史不过是一个又一个讨厌的事实"，"历史或多或少都是骗人的鬼话"，"历史和万花筒一样毫无规律可言"，等等。

○每一条冰川，每一团星云，每一次飓风，每一个人类社会，每一个生物物种，甚至第一个个人和某个有性生殖物种的每一个细胞，都是独一无二的。

○那些拥有悠久国家社会或农业历史地区的国家的增长率也高过历史较短的国家，如巴布亚新几内亚、菲律宾，尽管有些历史较短的国家自然资源丰沛得多。

（2018 年 3 月 14 日晚阅毕）

文明的冲突与世界秩序的重建（修订版）

（[美]塞缪尔·亨廷顿著，周琪等译，新华出版社2010年版，35万字）

△五部分（12章）：①一个多文明的世界；②变动中的各文明力量对比；③正在形成的文明秩序；④文明的冲突；⑤文明的未来。

○作者认为，冷战后，世界格局的决定因素表现为七大或八大文明，即中华文明、日本文明、印度文明、伊斯兰文明、西方文明、东正教文明、拉美文明，还有可能存在的非洲文明。冷战后的世界，冲突的基本根源不再是意识形态，而是文化方面的差异，主宰全球的将是“文明的冲突”。

○一个世界：欢欣而和谐；两个世界：我们和他们；完全混乱。

○“西方”一词普遍用来指以前被称为西方基督教世界的那一部分。世界人口信奉主要宗教传统的比例（2000年）：西方基督教29.9%，东正教2.4%，伊斯兰教19.2%，非信徒17.1%，印度教13.7%，佛教5.7%，中国民间宗教2.5%，部落宗教1.6%，无神论者4.2%。

○西方：拥有和操纵着国际金融系统；控制着所有的硬通货；是世界上主要的消费品主顾；提供了世界上绝大部分制成品；主宰着国际资本市场；对许多社会发挥着相当大的道义领导作用；有能力进行大规模的军事干预；控制着海上航线；进行着最先进技术的研究和开发；控制着尖端技术教育；控制着宇航技术；控制着航天工业；控制着国际通信系统；控制着高科技武器工业。

○军事实力：①数量——兵力、武器、装备和资源；②技术——武器和装备的效能和尖端性；③组织——凝聚力、纪律性、训练和军队士气以及指挥和控制关系的有效性；④社会——社会有效地使用军队的能力和愿望。

○“任何战争都有终结”，这是常规。

○政治家只有承认和理解现实，才能建设性改变现实。

〇新加坡黄金辉总统提出的四个基本的价值观：“将社会置于个人之上，将家庭作为社会的基石，通过共识而不是斗争来解决争议问题，强调种族和宗教的相互容忍与和谐。”

〇亨廷顿的观点值得重视，因为它们代表着一种深刻的恐惧。

（2019 年 8 月 25 日晚上阅毕）

贸易打造的世界：
1400 年至今的社会、文化与世界经济

（[美] 彭慕兰、史蒂文 · 托皮克著，黄中宪、吴莉苇译，上海人民出版社 2018 年版，34.3 万字）

△共 7 个部分：①市场准则的形成；②运输手段；③致瘾性食品的经济文化；④移植：世界贸易里的商品；⑤暴力经济学；⑥打造现代市场；⑦世界贸易、工业化、去工业化。结语：21 世纪的世界经济。

○大英博物馆两件文物，一件是来自埃塞俄比亚一个基督教堂的圣坛服装，年代大约为 1700 年。这件衣服的料子是中国的丝绸，但是由来自也门的犹太织工织造的。另一件来自关于毛泽东事迹的展览。那里展出了一块墨西哥银圆，铸造于 1896 年。之后，在中国的一个通商口岸，有个中国商人在这里在这块银圆上打下自己的印记，表明他以个人的声誉担保这块银圆的重量和成色。又过了一段时间，这块银圆被印上了“全世界工人阶级联合起来”的字样，变成了在中共早期一个革命根据地里流通的货币。

○贸易打造的世界是浑然一体的，我们的存在和我们的思维都无法置身其外。

○亚当 · 斯密的名言：“以物易物和实物交易乃是极根本的人性之一。”

○过去，在世界各地，贸易都是通过同一故乡出身的人所建构的人际网络来进行。1984 年，福建晋江有刚刚超过 100 万的居民，海外已知侨民数却超过 110 万。

○朝贡制度的设计和基本运作的力量，源自对文化、政治、身份地位的关注，而非源自对追求最大获利的关注。

○运输不只决定了利润、损失、贸易量，还拉近了人与人的距离，左右了时间观，重画了地图，开启了今日称为商品化、全球化的观念革命。

○聪明还不如交好运。哥伦布不小心撞进近代世界，而当他发现那个

世界时，其实，他并不认得那个世界。

○运输所横越的往往不只是不同的地区，还是不同的社会区域，乃至几乎不同的历史时期。

○殖民帝国的建立，就是以致瘾性商品的贸易为基础，许多国内官僚体制和军队的建立亦然。即使到了今天，致瘾性食物的税收仍是国家收入的主要来源之一。

○鸦片是促进世界贸易加速经济增长最重要的凭借，对中国是如此，对欧洲、美洲亦然。

○混沌理论认为，亚马逊流域一只蝴蝶拍动其纤纤翅膀，能造成印度的季风，也就是说行动可能带给远处完全意想不到的后果。

○令人遗憾的是，认为市场经济扩散对于人类社会有益这一乐观看法，隐瞒了市场经济所赖以建立而具重大历史意义的暴力基础，以及始终存在于市场经济背后不断动用武力一事。

○贸易打造出来的世界经济，显然是一种复杂的社会现象，这种现象不必然将利益最大化，不必然符合新古典经济学的法则，甚至不必然遵守许多人称为常识的东西。

○如今每个人都知道时间就是金钱，但比较不知道的是，时间乃是生意人的历史发明。

○商标具有历史，因而有用；消费者熟悉商标。但商标不是老朋友，而是旨在满足资本需求，是不具人格的资产。

○迫切需要乃发明之母。

○石油业与世界经济的增长，除了要归于追求获利的心态，国家的主权、自尊、发展、安全，还有阶级斗争，同样功不可没。石油成为20世纪最值钱的国际贸易商品。

（2018年9月5日中午阅毕）

观沧海：大航海时代诸文明的冲突与交流

（林梅村著，上海古籍出版社 2018 年版，31.6 万字）

△作者利用海内外最新考古发现和研究成果，从考古、历史、艺术等多领域观察欧洲、伊斯兰世界和大明王朝的冲突与交流，探索郑和下西洋以后一段重要的中外交通史。

○尽管中国大陆海岸线长达 18000 多公里，但历代统治者却遵从儒家“重农抑商”的传统思想，没有充分开发利用海洋资源。

○大航海时代以后，中国才开始与欧洲直接进行经济文化交流，而葡萄牙、西班牙、荷兰在海上丝绸之路贸易中扮演了重要角色。尽管明王朝实施“片板不许入海”的严厉海禁政策，但是未能阻止景德镇青花瓷和龙泉窑走私到中东伊斯兰世界。

○ 17 世纪初，郑芝龙成为台湾海峡最具实力的海盗之王。1628 年就抚明王朝，实际上仍保持极大独立性。1633 年料罗湾大捷，郑芝龙击败荷兰舰队，以台湾北湾为中心，建立郑氏海上帝国。鼎盛时期，出入长崎港的郑芝龙商船数远超荷兰商船。每年收入数以千万计，富可敌国。令人遗憾的是，清王朝未能利用郑芝龙或其子郑成功海上生力军开拓疆土，中国失去了争夺海洋霸权的最后机会。

○曹操：东临碣石，以观沧海。

○罗洪先是明代地理学家，江西吉水人，嘉靖八年（1529 年）进士，历任翰林院修撰、春坊左赞善。因上疏得罪世宗，削官为民。从此淡泊名利，潜心治学，耗时十数年撰写《广舆图》，著有《念庵集》二十二卷。

（2018 年 9 月 27 日中午阅毕）

时运变迁：世界货币、美国地位与人民币的未来

（［美］保罗·沃尔克，［日］行天丰雄著，于杰译，中信出版社 2016 年版，42.8 万字）

△共 11 章：①新的世界秩序，二战后的格局；② 20 世纪 60 年代，布雷顿森林体系的丛林时期；③布雷顿森林体系的崩溃；④浮动和放任自流；⑤协调行动的尝试；⑥控制通货膨胀；⑦应付拉美债务危机；⑧制服超级美元：广场协议；⑨经济管理的更多探索：卢浮宫协议；⑩一个新的世界秩序，还是一个新的民族主义；⑪走进不确定的时代。

○中国因外贸顺差等因素积累的巨额外汇储备，部分投资于美国国债，是双方互利的投资行为，且对中国当下的货币发行和经济增长有益，是政府最好的选择。

○互联网思想家王俊秀说，国家的竞争，最后拼的是思想。

○二战结束前后的经济规划和国际组织的建立，在其范围和视角上，都是没有先例的。关于国际货币基金组织、国际复兴开发银行（这些都是布雷顿森林体系的机构）和关贸总协定角色的协议，在战争期间——一场规模空前的战争——和一段艰难的和平过渡期中得以达成。总的来说，这些协议为新的国际秩序打下了思想和制度基础。这种秩序以如下承诺为标志：汇率稳定、不特惠任何国家的非歧视贸易关系，饱受重创经济的快速重建，以及贫穷国家的非歧视贸易关系，饱受重创经济的快速重建，以及贫穷国家的经济发展目标。根本而言，这一切都建立在以市场为导向的自由经济体制理念基础上，这也是当时的苏联和中国选择退出的原因。

○成功的政策协调有四个必备条件：①参与国之间相互依赖的密切关系；②对某些宏观经济政策的协调将产生议定结果、形成共识；③必须建立起协调过程并加以维护；④参与国必须有一个强烈的认同，相比于它们什么都不做，协调将为所有国家带来更大效益。

○关贸总协定、太平洋共同体、汇率和国际货币体系。

○金融工程完全运用了信息技术，并创制了一系列金融新产品，比如衍生品和证券化工具。

○在相当长的时间内，世界将不是处于一个轮流领导的体系，而是一个不确定的体系。21 世纪是一个动荡的世纪。

○如果说贪婪常常使人反目，那么恐惧则常常让人聚拢在一起。

○这本书以时间为主线，有经济、金融、军事、政治的事件，也有人情世故，更有插曲式的故事，还有作者的诸多反思。有理论，却不是宣教，也不难懂。历史可能不会完全重演，但有本质可循。

（2018 年 10 月 20 日上午阅毕）

后全球化时代：世界制造与全球化的未来

（［英］芬巴尔·利夫西著，王吉美等译，中信出版社 2018 年版，22.8 万字）

△共 9 章：①年轻人，去东方；②从“包出”到“外包”；③热伯爵茶与制造业的未来；④机器人帝国万岁；⑤跨越崎岖不平的世界：从亚洲到北美；⑥制造业与环境；⑦向远看；⑧探索实体经济与数字经济的差异；⑨制造业的政治变迁。

○每一次技术变革都会为企业带来新的发展机遇，促使企业改变组织形式，为市场带来新产品。

○技术融合是自动化向前发展的真正动力，是工业 4.0 运动的真正核心。

○在某些力量的作用下，全球经济正在成为一个平坦的竞技场，生产、设计、研发和服务等活动可以相互分离，各自分布于世界各地，并且不会受到什么阻碍。简而言之，距离已经不成问题。

○未来，企业在选择生产地点时，将首先从区域范围而非全球范围着眼进行比较，选出适合开展生产活动的国家，然后再在这个国家内选择最适合的地区建立生产工厂。

○全球化的未来，与其说是一场全球博弈，不如说是由 3D 打印这样的科技因素决定的。

○所谓“后全球化时代”的到来就是企业将在全球化进程中扮演越来越重要的角色，从离岸到回岸，从海外到本土，随着 3D 打印、人工智能等技术的飞跃，全球经济的发展将经历企业从全球化到本土化的微妙转变。

（2019 年 1 月 9 日晚上阅毕）

贸易的猜忌：
历史视角下的国际竞争与民族国家

（[英]伊斯特凡·洪特著，霍伟岸等译，译林出版社2016年版，47.9万字）

△共3篇（7章）：①自然自由和全球竞争；②改革与转型的悖论；③商业民族国家。

○这是一部由七篇主题和论旨密切相关的研究论文组成的合集。

○“贸易的猜忌”是指政治与经济之间的某种特定关联。它出现的背景是，国际贸易上的成功为事关国家军事和政治生存的大事。“贸易的猜忌”象征着经济业已具备政治属性。

○共生体指的是建立在共识和友谊基础上的共同体，它通过全体的力量为其成员提供和平和保护。联合体同个人生存的基本利益直接相关，它表达了这样一个事实，即生命和自由的保存要求同一种族的成员之间实现有效的目的统一和互惠式的协助。

○亚当·斯密的《道德情操论》描述了三种社会：恐惧的社会、友爱的社会以及居于两者之间的商业社会。

○越是富裕的社会，劳动力将总是更加昂贵，而产品则总是更加便宜。

○如果没有信心，国家就会衰落；如果没有广泛的竞争，市场就会机能失调。

○根据霍布斯在《利维坦》中对亚里士多德的复述和释义：由于竞争者在财富、名誉或其他好事方面取得成功而感到忧愁，同时又奋力自强以图与对方匹敌或超过对方，就谓之争胜；但如果同时力图排挤对方和妨碍对方，则谓之猜忌。

○“贸易的猜忌”作为一种政治与经济的特定结合，当国际贸易的成功变成国家的军事和政治生存的重要因素时，它就出现了。如今，它经常被称为“经济民族主义”，而在这本书中，洪特将民族主义的商业政治学和18世纪的全球化，以及商业社会的理论和政治的经济限制和启蒙思想联系在一起。洪特不仅重构了市场社会性的支持者与其最尖锐的批评者之间冲突的显著特征，而且帮助历史性地定位了影响现代性出现的最为重要的观点。洪特的目的就是要回到大卫·休谟和亚当·斯密，因为通过重构他们的政治学，而无须参照当代意识形态，我们就有可能“在18世纪的国际市场竞争理论中发现政治上的洞见，而这对于21世纪仍旧是有意义的”。

（2019年5月3日晚上阅毕）

孤独的帝国：俄罗斯与新世界无序

（[澳]波波·罗著，袁靖、傅莹译，中信出版社 2019 年版，31.9 万字）

△三篇 8 章：1. 背景：①俄罗斯外交政策的本土背景；②两个世界；2. 策略：③俄罗斯和全球治理；④后现代帝国；⑤转向东方；⑥与西方往来；3. 展望：⑦新俄罗斯的新外交政策；⑧ 2030 年的俄罗斯与世界。

○俄罗斯如果能够把自己重新定位为现代大国，它将是 21 世纪的领导者，在国际政治、经济和社会的许多领域发挥至关重要的作用。相反，一个因循守旧的俄罗斯最终可能是全球变革的主要受害者之一，其决策被边缘化，也越来越容易因为他国的野心而受到伤害。

○普希金："俄罗斯没有法律，唯有支柱屹立，皇冠安于其上。"

○"普京主义"是政权集中、经济寻租、社会唯物主义、保守道德和自信的国际姿态的组合。

○俄罗斯除了拥有幅员辽阔的疆土，还有基于多样性、普遍性和例外论的自我认同。

○本土影响力的四个来源对普京的外交政策有决定作用：个体执行者和他们的个人偏好，长期结构性因素如地理和历史塑造的政治文化、具体的政治经济利益，环境和事件。

○俄罗斯信奉的是，世界是由大国主导的，是残酷无情的，这与西方自由主义提出的地缘政治已时过境迁的主张完全相左。

○重要的安全问题：冲突管理；打击恐怖主义；防止大规模杀伤性武器扩散；异质不相吸。

○它对待国际规范制度的方式基于四大"原则"：反对道德干预、"国际法至上"、有限主权和改变全球治理的规则。

○欧洲两个局外人。俄罗斯和土耳其之间的关系呈现出许多协同效应。他们都把自己视为文明古国。而不是"普通"的民族国家。他们有一个类似的混合（或混乱）身份——欧洲国家、欧亚国家、传统主义与现代主义。

○发挥优势：领土、资源、身份、人才。

○“没有什么是注定的。”

○俄罗斯是否能够放弃其帝国心态，成为一个能与邻国和更广阔的世界进行更有效互动的现代民族国家。

（2019 年 6 月 3 日晚上阅毕）

全球化逆潮

（［美］约瑟夫·E. 斯蒂格利茨著，章添香等译，机械工业出版社 2019 年版，14.5 印张）

△ 2 部分 13 章：一、全球化及其新的不满：①全球化的失败；②全球化的多重维度；③新保护主义；④全球化能否被拯救：共享繁华的公平全球化议程；二、全球化及其不满：⑤全球机构的承诺；⑥未兑现的承诺；⑦自由选择；⑧东亚危机：国际货币基金组织的政策如何将世界带到崩溃的边缘；⑨谁失去了俄罗斯；⑩不公平的公平贸易法和其他危害；⑪建立市场经济的颇佳之路；⑫国际货币基金组织的其他议程；⑬未来之路。

○这本书揭示了全球化是如何被政府导向错误方向的，作者用简明而精致的语言进行了呈现。

○错误的全球化方向已经反噬了西方发达国家，产业空心化、不平等加剧。而这些动荡，在一定程度上左右了西方主要国家的经济政策。要想理解贸易战的逻辑，必须看懂其背后的全球化逆潮。

○管理全球化的规则需要重写，但不是以勒庞和特朗普倡导的保护主义方式。

○把时钟拨回去行不通，制造业的辉煌时代已经结束。

○美国已成为一个多元化的经济体，制造业只占就业的 8%，服务业占 80%。

○改革后的全球化原则：①全球化本身不是目的，而是达到目的的手段；②存在跨国界的外部性时，就需要全球规则；③随着我们的关联越来越密切以及越来越多的人意识到这一点，全球行动将变得越来越重要；④治理很重要；⑤政府和民间社会都必须参与到全球化制度的调节中；⑥大型经济体不同于小型经济体；⑦一刀切的政策行不通；⑧游戏规则的变化是一把双刃剑；⑨全球化的社会影响不仅限于经济，而且全球化的改革需要特别注意这些方面；⑩改革的经济后果必须是对经济现实的模型进行评估的反映。

○增长不仅是持续的和稳定的，而且增长的成果能够更公正、更平等地分享。

○一直以来，财政约束、私有化和市场自由化是20世纪八九十年代“华盛顿共识”建议的三个重要支柱。

○自由的本质就是有权做出选择，同时承担相应的义务。

○全球化是动态的，它在不断发展变化。特朗普当选、全球金融危机、东亚金融危机、中国和其他新兴市场的崛起，这些在过去20年里发生的事情，不断地改变着全球化的进程。

○一个没有贸易的世界是不可想象的。

（2019年11月4日下午阅毕）

十、认知美国

美国独行：西方世界的末日

（[加] 马克·斯坦恩著，姚遥译，袁南生校，新星出版社 2016 年版，26 万字）

△分三部分：①西方世界：被阉割的时代；②伊斯兰世界：阿拉伯的夜幕；③美国，新黑暗时代……如何重启光明。

○本·拉登：人们总是被强马而非弱马所吸引。

○唐纳德·拉姆斯菲尔德："若说我们学到了什么，那就是：示弱给人以可乘之机。"（1998 年 10 月，华盛顿）

○人口数量减少将导致民主国家无以为继。

○年轻人的创造力对一个社会的发展来说至关重要。

○历史上还从来没有人口下降的同时经济反而增长的先例，况且现在还多了个让我们喘不过气来的重担——社会福利体系。

○老人总是倾向于把风险看得比收益更大。

○欧洲的福利社会其实归功于美国在欧洲的军事存在，正是由于美国的军事援助，欧洲国家便不必在枪支弹药上砸钱了。

○"陶瓷仓库规则"是美国政治术语，指的是"谁打破，谁负责"原则。

○大部分美国人对于他们在海外的刻板形象都心知肚明：丑陋的美国人，嘈杂、无礼、无知、傲慢。然而，在大多数方面，事实却恰好相反，美国或许是历史上最谦虚恭谨和韬光养晦的世界霸权。

○里德："美国人有世上最大的阴茎，于是他们便可以对着其他国家撒尿。"

○要想在人口问题上重获新生，最根本的举措恰是政府最畏惧的梦魇，缩减国家权力。

○不忘初心，方得始终。

○右翼政客煽动民族与宗教矛盾，左翼政客瞄准阶层与贫富分化。

（2017 年 7 月 16 日晚 9:50 阅毕）

大棋局：美国的首要地位及其地缘战略

（[美] 布热津斯基著，中国国际问题研究所译，上海人民出版社 2015 年版，16.9 万字）

△共 7 章：①新型的霸权；②欧亚大棋局；③民主桥头堡；④黑洞；⑤欧亚大陆的巴尔干；⑥远东之锚；⑦结论。本书把美国应开始实施的近期、中期和长期目标联成一体，清晰地阐述了美国外交政策所必需的新框架。

○布热津斯基，美国当代著名战略理论家，地缘政治家。1928 年 3 月 28 日，出生于波兰华沙，曾任卡特总统国家安全事务助理，著述颇丰。

○“美国政策的最终目标应是善良的和有眼光的：依照长期的潮流和人类的根本利益建立一个真正合作的全球大家庭。”

○美国领导的联盟保持了它的团结，而中苏集团却不到 20 年就分裂了。部分原因是同共产主义阵营的等级森严、教条主义和脆弱的特性相比，民主的联盟有较大的灵活性。

○中国以后的历史是统一和扩张继之以衰落和分裂的反复循环。

○由于缺乏有主导力的政治文化，统治者被被统治者同化——和没有解决建立了帝国的成吉思汗的继承问题，蒙古帝国最后灭亡了。

○美国体系：集体安全、地区经济合作、程序主导、联盟组织、全球性立宪和司法机构。

○欧洲是美国在欧亚大陆必不可少的地缘政治桥头堡。

○法国寻求欧洲的转世再生，德国则希望通过欧洲而获得救赎。

○世界上领土最大国家 1991 年末的解体，在欧亚大陆中心造成了一个“黑洞”。对 20 世纪俄国人民遭受的恐惧和苦难，无论描述得如何严重也不为过。

○古米勒夫说：“适应西方，对俄国人民来说只能意味着失掉自己的火种和灵魂。”

○“我的邻居的邻居是我的盟友”这一原则适用于中美之间的地缘政治和历史关系。

○台湾最终必须与大陆重新统一。

○美国作为世界上首要的大国确实面对着一个并不很宽的历史性机会之窗。

○美国的政策目标无疑必须是双重的。一是把美国自己的主导地位至少保持一代人之久或更长远一点，二是建立一个地缘政治框架。这一框架既能化解社会政治变革必然带来的冲击和损伤，又能演变成共同承担和平地管理全球的责任的地缘政治核心。

（2017 年 11 月 29 日晨 0:45 阅毕）

美国世界秩序的终结

（［加］阿米塔·阿查亚著，袁正清、肖莹莹译，上海人民出版社2017年版，10.4万字）

△共6章：①一个复合的世界；②单极时刻的兴衰；③自由主义霸权的神话；④新兴大国：其他国家的炒作；⑤地区的世界；⑥共谋的世界。作者认为，尽管美国仍将是世界事务中的主要力量，它却已经失去了按照其自身利益和形象塑造世界秩序的能力。其结果是，美国将成为塑造世界秩序的众多支柱之一，其他支柱包括新兴大国、地区力量和新旧大国的合力。

○复合世界给中国提供了确保全球和平与经济福祉的更多参与机会和空间。它可以在世界事务中拥有更多的影响力，发出更多的声音，并提供积极的领导。

○在一个复合的世界中，不仅有“大片”，也会有“烂片”，比如一些新兴大国由于中等收入陷阱、国内不稳定或地区冲突的残存等因素而被炒作为正在走向衰落。

○英国《金融时报》的吉迪恩·拉赫曼在谈及“狼来了”时表示，“该寓言经常被忽略的一个事实是，那个男孩最终被证明是正确的。狼的确来了——中国就是那匹狼”。

○到2030年，中国和印度的人口均有可能从12亿增加到15亿，两国GDP之和将占全球经济的34%，中国和印度也将分别成为世界经济第一和第四经济体。美国仍有可能是主要的军事大国，也将是拥有全球军事部署能力的唯一国家。

○福山在《历史的终结》一书中称，资本主义和民主已经最终并且决定性地战胜了所有竞争的观念。

○核威慑能引起战略谨慎和克制，并有助于拥有核武器的国家采用防御型安全战略。

○二战后，丘吉尔提议在组织战后体系结构时，建立涵盖欧洲、美洲和太平洋三个地区的委员会。罗斯福反对，他认为这会鼓励全球碎片化。

○地区和地区主义是世界政治中的重要趋势。

○米尔斯海默认为，所有胸怀抱负的大国都寻求实现地区霸权，这一目标比全球霸权更有必要和易于实现。中国是后冷战时代这种地区霸权的明显候选国。

○两种秩序路径：全球协调模式、地区世界模式。

（2018 年 1 月 14 日晚 11:50 阅毕）

大萧条与罗斯福新政

（[美]埃里克·劳赫威著，陶郁、黄观宇译，译林出版社2018年版，19.75印张）

△共7章：①负债的世界；②胡佛那几年；③萧条的美国；④复胀和复苏；⑤管理工农业；⑥制衡性力量；⑦开始的结束。

○这本书考察了美国那场经济危机以及历史上一次巨大的政策革命，呈现了罗斯福新政主要的成功与失败之处，解释了为何新政的某些计划会成功、另一些计划未能成功，描述了罗斯福政府在第二次世界大战结束后，如何将新政的各项战略推向全球舞台。

○罗斯福说："如果你正确地对待人民，他们就会正确地对待你……十有八九会如此。"正确地对待人民包括教育和引导人民。

○罗斯福总统最重要的历史性成就不是新政，而是引导美国人民最终加入世界反法西斯战争。

○这本书将新政划分为三个部分：①那些看起来有助于逆转大萧条的政策；②那些无助于大萧条的政策；③那些虽未直接应对当前灾难，但有助于防止或降低未来发生类似问题可能性的政策。

○第一次世界大战让美国几乎在一夜之间从世界上最大的债务国变成了最大的债权国。纽约也取代伦敦成了世界信贷体系中的核心贷款方。

○1920年，平均每三个美国家庭才拥有一辆汽车，20世纪20年代结束，全美几乎每家每户都拥有一辆汽车。汽车的生产、采购和金融支持不仅塑造了人们对20世纪20年代美国经济繁荣时期的印象，还塑造了繁荣本身。

○胡佛的"成就大都看似傲人，却经不起深入推敲"。

○罗斯福患有成人脊髓灰质炎。除了疾病的折磨，罗斯福在走向政坛的过程中可谓一帆风顺；事实上，他有幸享受了一个民主国家所能提供的所有优厚条件。

（2018年7月5日上午阅毕）

荒野帝国：走入美国未来的旅行

（[美]罗伯特·D.卡普兰著，何泳杉译，中央编译出版社2018年版，33.8万字）

△共7部分（30章）：①民族国家的最后堡垒；②新的荒野；③当下的未来；④历史的代理；⑤分融的国家；⑥新的帝国；⑦维克斯堡的意义。

○ 1995—1997年，卡普兰在故土美国及周边开始了一场旅行，从堪萨斯走到西海岸，从中部的密苏里走到西部的俄勒冈，从北部的加拿大边境走到南部的墨西哥。透过政治与文化的视角，卡普兰发现了一个转变中的美国——一个在种族、阶层、教育、地理上充满了区隔和断裂的美国。这里，财富在迅速增加，但贫富差距也在进一步拉大；传统的信念已经消逝，而新的信念仅仅处于萌芽状态。这个大国并非衰落，而是正在缓慢而不可逆转地蜕变出一种全新的身份认同。

○罗伯特·D.卡普兰："和所有旅行者一样，我心血来潮，去了一些城市，但错过了更多的城市；去了一些荒野社区，但错过了更多的社区。不过，无论去哪里，我都尝试把我看到的东西与更宏观的意义相关联。我赞同生活于公元2世纪的希腊政治家波利比奥斯，他相信真相存在于事件的全景而非局部视野之中。不管怎样，这就是我尝试去完成的。"

○在可见的未来，比起其他任何单一因素，这个世界将会更多地依赖美国人的偏好。

○在墨西哥给美国的新的后城市文化染上越来越深的颜色的同时，以美国的2.5倍速率增长的墨西哥人口，将会继续渗出边境线，到达对面。

○地理将最终决定一切。

○美国中部被划分成了两个地理区域：西部的大平原和东部的大草原。

○林肯写过：一个国家也许可以说成由其领土、人民和法律所构成的。领土是唯一有确定的持久性的部分……地球表面上由美国人民所拥有和居住的那一部分，很适合成为一个国家的家园，而不是很适合成为两个或更多国家的家园。

○南北战争让近 50 万美国人死去，超过了二战。

（2018 年 9 月 1 日晨 0:05 阅毕）

工业与帝国：英国的现代化历程

（[英] 埃里克·霍布斯鲍姆著，梅俊杰译，中央编译出版社 2016 年版，44.4 万字）

△共 16 章：① 1750 年的英国；②工业革命的起源；③工业革命，1780—1840 年；④工业革命的人文结果，1750—1850 年；⑤农业，1750—1850 年；⑥工业化的第二阶段，1840—1895 年；⑦世界经济中的英国；⑧生活水准，1850—1914 年；⑨衰落的开始；⑩土地，1850—1960 年；⑪两次大战之争；⑫政府与经济；⑬长期繁荣；⑭ 1914 年以来的社会；⑮英国其他地区；⑯趋于严峻的经济气候。

○描述并解释了英国迈向首个工业强国的崛起之路，其暂时领先优势的无奈流失，其与世界各地尤其是欠发达地区的特殊关系，以及所有这一切对英国社会生活的广泛影响。

○埃里克·霍布斯鲍姆（1917—2012），享誉全球的思想大师，备受推荐的马克思主义史学大家，英国科学院院士及美国艺术和科学院外籍院士。

○ 1215 年，英国人为现代世界打开了规范国家权力的大门，从而奠定了现代国家的政治基础。

○不列颠新帝国的降临，尤其是通过国际贸易展现的强大国家实力，既是对其他国家的有效示范，也是对其他国家的无形号召。

○经济史本质上是量化的，所以会采用大量统计数字。

○工业革命标志着有文字记录以来世界历史上最根本的一次人类生活转型。

○工业革命并非单纯的经济加速增长，而是经济与社会转型所促成的加速增长。工业革命就发生在这个抓住了国际机遇，掌控了大部分海外市场的国度。

○前工业社会的经验、传统、智慧、道德无法为资本主义经济所需要的那种提供充分的指南。

○农业自古以来一直是整个社会的根基和框架，以土地上的生产者为基础，由土地的所有者在管理。

（2018 年 10 月 18 日晚 11:05 阅毕）

美国政治：激荡于理想与现实之间

（[美]塞缪尔·亨廷顿著，先萌奇译，新华出版社 2017 年版，23 万字）

△共 8 章：①不协调的政体；②美利坚信条与国家认同；③鸿沟：美利坚信条与政治权威；④对“鸿沟”的应对；⑤信条激情的政治；⑥信条激情的源头；⑦ S&S 时期：1960—1975 年；⑧美国理想与制度的活力。

○作者考察了自由、平等的美国理想承诺与美国政治真实表现之间持续存在的巨大差异，以及美国人对权威的敌视态度，解释了政府运作的真实机理，提出了改革运动形成的新理论。

○由于对自由、平等、民主等政治价值的一致认可和信仰，美利坚合众国成了最不和谐的现代政体的典型。

○美国的政治思想。这本书之观点：①18 世纪末、19 世纪初以来，在美国一直存在特定的、可以被称为“美利坚信条”的政治价值和理念。② 美利坚信条得到了美国社会大部分人的支持。③ 随着时代的变迁，信条的内容虽然有所改变，但是两百年来其核心几乎没有变化。④ 同欧洲社会相比，美利坚信条一直都在，而且仍将在美利坚国家认同中扮演中心角色。

○美国的种族文化则与民族认同共生共存，后者根植于一套特定的政治思想与制度。

○美利坚信条的基本理念——平等、自由、个人主义、宪政主义，民主显然没有形成系统化的意识形态，也不具备任何逻辑一致性。

○共产主义意识形态——特别是毛泽东主义——和传统儒家思想有着明显的不同。就像詹姆斯·汤森总结的那样，毛泽东主义主张用集体主义反对宗族和村庄的特殊主义，用行动主义反对无为主义，用自力更生反对依靠外国，用平等主义反对等级秩序。

○秘密是权力的保护伞，欺骗则是权力的隐身斗篷。

○作为社会存在的特征，每个社会都会有其独特形式的内在张力。美国的特征正在于自由思想与制度现实间的张力，它定义了美国政治的痛处与承诺。如果这个张力消失了，我们所熟知的美利坚合众国便不复存在。

（2018年10月30日晚11:40阅毕）

分水岭：美国民权运动的奋起与挣扎

（［美］泰勒·布兰奇著，谭颖等译，中国青年出版社 2016 年版，100 万字）

△共 23 章。这本书是有关马丁·路德·金及其领导的美国民权运动最权威的著作之一。记者出身的作者在广泛搜集原始档案文献资料的基础上，采访了百余人，获取了大量的材料，全面、详细、栩栩如生地记述了 20 世纪 50 年代末至 1963 年肯尼迪总统遇刺身亡这段时期，金及其伙伴从美国南方发起民权运动，并逐渐发展到北部、西部和西北部的全过程。这本书不仅讲述了美国民权运动的过程，而且通过大量细节展现了一个让美国人阵痛，并以总统被刺杀谢幕的混乱时代。

○作者的现实关怀、学术训练、讲故事的手法、生动的文采紧密结合在一起，成就了这本书，很少有人能四者兼备。

○金像摩西那样的先知一样，跨越了被种族分隔的大地。最后他变成一根火柱，照耀着后人继续前行。

○布兰奇所描述的这个时代，彻底改变了美国。

○布兰奇的描述，非凡细致，人们可以看到马丁·路德·金最复杂、最理智的一面，以及金牧师时代前的美国。

（2018 年 11 月 3 日中午阅毕）

霸凌国家：美国体制如何制造欺凌社会

（[美] 查尔斯·德伯等著，崔卓君译，新华出版社 2017 年版，28 万字）

△共 9 章：①反思欺凌：从个人到体制；②资本欺凌：资本主义、权力与经济欺凌；③环境欺凌：欺凌动物，打击自然；④军国主义欺凌：超级大国与校园欺凌；⑤奴隶之国与恶霸之乡：种族与军事化欺凌；⑥向着欺凌进军：军方如何在军队内外培养欺凌者；⑦欺凌教学：教育与欺凌；⑧无情世界：一切关乎家庭；⑨反欺凌运动：欺凌国度的文化矛盾。

○欺凌并不只是校园问题和个体行为问题，而是一种编织在美国文化中的社会病态。

○个体欺凌是更大层面上的社会现象导致的后果。欺凌是体制催生的结构性问题，陡峭的权力层级是骨骼，欺凌行为是围绕其产生的血肉——从政府大楼、公司办公室到教室、操场，再到自然环境，莫不如此。当权的个人与机构需要创造一种文化以使暴力和侵略性成为一种自然常理——在这种文化中，个体之间会争当欺凌者，不当被欺凌者。社会、各国甚至各物种间的力量差距越大，体制欺凌和个体欺凌就越常见。如果不首先挑战培养、鼓励这种欺凌行为的宏观体制，就不可能减少欺凌行为。

○“欺凌”指代的是具有攻击性和伤害性的行为，与力量的强弱差距有关。

○马克思认为，资本主义体制必然存在权力不平等，而且将会形成导致机构欺凌发生的权力层次和市场结构。

○美国：“唯一想要存活和成功的方式，就是比别人要强硬，欺凌别人使其服从；这差不多就是校园恶霸看世界的方式：要生存，要成功，你就必须成为这块地盘上最强的男人。”

○家庭是人们口中的圣所，承载着爱、安全感、支持与关爱，却也是外部世界种种冲突的贮藏室。作为长幼强弱有序的地方，家庭内部也上演着欺凌与竞争。

○父母孩子、丈夫妻子，都需要彼此之间的肯定、保护、爱与安全。

○纵观历史，欺凌一直存在。

（2019 年 1 月 12 日晚上阅毕）

精英的黄昏：后精英政治时代的美国

（[美] 海耶斯著，张宇宏译，上海译文出版社 2017 年版，14.9 万字）

△共 7 章：①赤裸的皇帝们；②精英政治及其不满；③道德风险；④谁知道呢；⑤赢家们；⑥脱离群众；⑦改革。

○拉尔夫·W. 爱默生："上层阶级的存在并不一定有害，只要这种存在建立在功绩之上。"

○原先的统治集团强调谦虚、谨慎和血统，而精英体制则为野心、成就、头脑和自我完善欢呼。

○为了达成理想，精英政治必须遵守两个原则。第一个是差别原则，即承认人们在能力方面存在着巨大的差异，而我们应当认同这种天生的高低之别，并给那些最刻苦、最有才能的人分配最困难、最重要也是回报最丰厚的工作。第二个是流动原则。也就是说，职责不能简单地、一次地委派给某人，然后在其职业生涯或几代人中固定下来；而是必须根据人们所作所为的成败来决定提拔还是降职。

○所有人将在同样的游戏规则下竞争，社会契约的条款是具有内在公平性的，这个制度基本上能够做到赏罚分明。

○"格雷沙姆定律"；劣币驱逐良币。

○白宫前新闻秘书罗伯特·吉布斯说："没人能为我们辨别真相……我们渡过了卢比孔河，进入了未知世界。"

○亚里士多德说："从诞生的一刻起，有些人就被贴上了服从者的标签，而有些人则是发号施令者。"

○对于有能力的精英来说，聪明确是必需的，但这还远远不够，智慧、判断力、同情心和严谨的道德也同样重要，即便这些素养还没有受到足够的重视。

○普鲁塔克说："贫富不均，是所有共和国最古老也最致命的弊端。"

○权力会令掌权者视野狭隘，很少将心比心。

○从根本上讲，“精英政治”的逻辑是合理的，即把最有资格、最有能力的安排在职责最大、最为重要的岗位上。

○只有斗争才是真正属于我们的。

○精英政治还有没有救？谁在重蹈美国的覆辙？

（2019年1月16日下午阅毕）

注定一战：中美能避免修昔底德陷阱吗？

（[美]格雷厄姆·艾利森著，陈定定、傅强译，上海人民出版社2019年版，26.7万字）

△四部分10章：一、中国的崛起：①“世界历史的最大参与者”；二、历史的教训：②雅典和斯巴达；③过去五百年；④英国与德国；三、暴风前夕：⑤想象一下中国和我们一样；⑥中国想要什么；⑦文明的冲突；⑧走向战争；四、为什么战争是可以避免的；⑨通往和平的十二个方法；⑩我们该何去何从？

○随着中国实力的迅速提升，美国长久以来拥有的优势受到了挑战，这两个国家可能会掉入一个致命的陷阱中，这个陷阱最先由古希腊历史学家修昔底德定义。他曾撰书记叙了2500年前一场几近毁灭了古希腊两大城邦的战争，在书中，他这样解释：“使战争不可避免的真正原因是雅典势力的增长以及因此而引起的斯巴达的恐惧。”

○作为大国领导人，都被一个共同的抱负所驱使：让国家再次伟大；都把另一个国家视为实现梦想的主要竞争对象；都为自己独特的领导能力而自豪；都认为自己在振兴各自国家的事业中扮演着中心角色；都已经宣布了艰巨的国内议程，要求进行根本变革；都支持国内彻底根除腐败的计划，并直面对方尝试采取的手段，以达到各自的目标。

○丘吉尔说：“写书是一种冒险。一开始，它只是一个玩物和消遣方式。然后它变成了情人，再变成主人，接着成为暴君。最后一个阶段是，就在你即将接受它奴役的时候，终于杀死了怪物并将它示众。”

○拉玛昌德拉·古哈：“像其他历史学家一样，我经常被问及‘历史的教训’是什么。我的回答是，我从历史中学到的唯一一件事情是没有永久的赢家和败者。”

○中美之间要想避免修昔底德陷阱，就只能去改变历史的弧线。

○更大的枪管配更大的枪。

〇莎士比亚："凡是过去，皆为序章。"马克·吐温："历史本身永远不会重演，但它有时会押韵。"乔治·桑塔亚纳："只有死人才能看到战争的结束。"

〇"使中国再次伟大"意味着：重回中国在亚洲的主导地位，这种地位是中国在西方入侵之前就享有的；加强对"大中华"地区的控制力；恢复中国历史上沿着边界以及毗邻海洋的影响力，从而使其他国家遵从中国，这种遵从一直是大国都有的追求；在处理世界各种事务中，赢得其他大国的尊重。

〇恢复党的活力，清除腐败，重建使命感，重新树立其在中国人眼中的权威；复兴中国人的民族主义和爱国主义，培养他们做中国人的自豪感；设计第三次经济革命；重组与重建中国军队，"能打仗，打胜仗"。

〇亨廷顿认为，作为一个已经存在了几千年的社会，中国人的思维方式在根本上不同于西方人。中国人"倾向于以几百年甚至几千年为单位来思考他们社会的进化，并优先考虑如何将长期收益最大化"。

〇克劳塞维茨："战争充满偶然性。人类的其他活动都不像战争那样给偶然性这个不速之客这么大的活动范围。它增加了各种情况的不确定性，扰乱了事件的进程。"

〇通往和平的十二个方法：①更高的权威可以在不发生战争的情况下帮助解决对抗；②国家可以被内嵌在更大的经济、政治和安全制度中，这些制度约束了历史上所定义的"正常"行为；③精明的政治家做应该做的事情，并能区分需求和欲望；④时机至关重要；⑤文化的共性有助于防止冲突；⑥除了核武器之外，太阳底下没有新的东西；⑦"相互确保摧毁"战略（MAD）使全面战争变得疯狂；⑧超级核大国之间的热战不再是一个可行的选项；⑨超级核大国的领导人仍然必须准备冒着打一场他们可能不会赢的战争的风险；⑩紧密的经济相互依赖加剧了战争的成本，也因此降低了战争的可能性；⑪联盟可能是致命的吸引力；⑫国内的绩效表现是决定性的。

〇核无政府状态本身就构成了巨大的威胁。

○明确重大利益，理解中国正在努力做什么，做好战略规划，把国内的挑战放在核心位置。（美国）

○尼采说过，“忘了自己原本的目标是人类最常见的一种愚蠢表现”。

（2019 年 5 月 25 日下午阅毕）

美国陷阱

（[法]弗雷德里克·皮耶鲁齐、马修·阿伦著，法意译，中信出版社2019年版，26万字）

△2013年4月14日，美国纽约肯尼迪机场，法国阿尔斯通集团锅炉部全球负责人弗雷德里克·皮耶鲁齐，刚下飞机就被美国联邦调查局探员逮捕。这场抓捕不仅仅是针对他个人的行为，而是美国政府针对法国阿尔斯通的系列行动之一。之后，美国司法部指控皮耶鲁齐涉嫌商业贿赂，并对阿尔斯通处以7.72亿美元罚款。阿尔斯通的电力业务，最终被行业内的主要竞争对象——美国通用电气公司收购。阿尔斯通这家曾经横跨全球电力能源与轨道交通行业的商业巨头，因此被美国人“肢解”。而皮耶鲁齐直到2018年9月才走出监狱，恢复自由。

○这本书中，皮耶鲁齐以身陷囹圄的亲身经历披露了阿尔斯通被美国企业“强制”收购，以及美国利用《反海外腐败法》打击美国企业竞争对手的内幕。这是一场隐秘的经济战争。

○十几年来，美国在反腐败的伪装下，成功地瓦解了欧洲的许多大型跨国公司，特别是法国的跨国公司。美国司法部追诉这些跨国公司的高管，甚至会把他们送进监狱，强迫他们认罪，从而迫使他们的公司向美国支付巨额罚款。自2008年以来，被美国罚款超过1亿美元的企业达到26家，其中14家是欧洲企业，仅有5家是美国企业。

○我必须让自己“装甲化”。只有给自己穿上刀枪不入的“铠甲”，才能不被美国司法部这台凶险的机器碾碎。

○与福特、通用汽车和沃尔玛一样，通用电气的产品几乎在每一个家庭都有一席之地，它属于“美国国宝”。

○只有两手空空的法国眼含热泪，为它失去的国之重器恸哭不已。

○这是一场法律战争。

（2019年6月26日晚上阅毕）

美利坚共和国的缔造：1776—1787

（[美] 伍德著，朱妍兰译，译林出版社 2016 年版，52.8 万字）

△共六部分（15 章）：①革命的意识形态；②各州宪法；③人民与立法机构；④危急时期；⑤联邦宪法；⑥革命的成果。

○独立战争拉开了美国革命的序幕，与此同时，美国国父们也开始了在思想上的探索和交锋。如何防止政府权力的专断和扩张，保障人民的自由和权利？如何防止多数人对少数人的侵害，对民选代表权利加以提防？革命一代的美利坚人不仅创建了一套全新的政治体制，而且构建了一套全新的政治观念，这是许许多多的政治人物行动和思考积累的结果。这本书记录了从《独立宣言》的发表到联邦宪法颁布的十余年间各种思想在美利坚社会的碰撞，揭示了美利坚人思考政治的方式，展现了美国革命时期政治文化变动的宏大气象。

○所谓政治理论，在本质上就是关于秩序的理论。人类秩序之构建至少必须处理三方面的问题。第一，认同问题，涉及个体与群体之间、人类与超越价值之间的关系等；第二，政治制度问题，涵盖诸如国家与社会的关系，统治权威与被统治者的关系，政府内部之结构功能与运作等；第三，公共政策问题，涉及政府在具体问题上的政策原则、目标及实施程序等。

○作为一场思想革命的美国革命，所取得的最大成就乃是“共和主义的革命意识形态”；因为有了它，美国革命才超越了一般的殖民地反叛；也因为有了它，美国革命才创立了一种以追求自由为精髓的“美利坚理念”。

○托克维尔：“一个全新的世界需要一门新的政治科学。”

○巴罗认为，人的思想的确是所有政治制度的“唯一基础”。人们服从君主，绝非因为他比他们更强大、更具智慧，而是因为他们相信他生来就是统治者。同理，一旦人们认为他们是自由和平等的，他们就变得自由和平等了。

○对美利坚人而言，共和主义不单单意味着废除国王、建立选举制度。它更被赋予一种道德的维度，一种在政治上与英国区别开来的乌托邦的深度，这种深度与他们社会的根本特征密切相关。

○所谓“谄媚者”，就是“专注于为重要人物的好恶、偏见、愚昧和邪恶提供服务从而获得他们的青睐、重视和庇护并因此得到照顾及提携的人”。

○詹姆斯·伯格在他《政治论文集》第一卷中写道：“几乎所有政治权威都是机遇而非智慧的产物。”

○“政治通常可以分为三个部分，行政、立法和司法。”

○托马斯·杰斐逊（1816年）：“这种新的代表制民主原则的引入，使得过往几乎所有有关政府结构的著述变得毫无用处。”

○这一政治理论并非体系恢宏，但是，在西方思想史上，这一政治理论理当享有突出的历史地位。

○这本书从政治文化的视角解读美国大革命，解读美利坚合众国宪法的形成和构建，并由此展现美利坚合众国缔造过程中美利坚人所经历的特殊的思想历程。

（2019年1月14日晚上阅毕）

费城风云

（易中天著，上海文艺出版社 2018 年版，23.4 万字）

△“帝国与共和”三部曲之一，费城风云。共 8 章：①事出有因；②疑云重重；③针锋相对；④剑拔弩张；⑤柳暗花明；⑥严防死守；⑦祸起萧墙；⑧尘埃落地；余论：原则与妥协。隔岸观火：伊拉克是谁的滑铁卢、看法官告政府、秤砣是个大问题、有话你就直说。

○老革命遇到了新问题。在美国建国史上，有三份文件堪称伟大，这就是《独立宣言》、《邦联条例》和《联邦宪法》。《独立宣言》提出了美国的理想，开始了它的独立；《邦联条例》确定了美国的国名，开始了它的联合；《联邦宪法》则是使理想成为现实，使十三个有着各自宪法和政府的政治实体变成一个完整的实实在在的国家。

○邦联是两个或两个以上国家的联合体。邦联成员国保留主权，但在军事、外交等方面采取一致行动。联邦制则是由若干具有国家性质的行政区域（邦或州）联合而成的统一国家。它的特点是，全国有统一宪法和最高政府，各行政区域也有自己的宪法和政府。

○“政府”包括立法、行政、司法三个部门。

○富兰克林认为，活了这么大年纪，深知没有人能够一贯正确。

○是先制宪后建国，至少也是制宪与建国同步，制宪过程即治国过程。《联邦宪法》是“有话好好说”商量出来的结果。

○一个人的生命比一百吨炸弹更珍贵，这就是美国的战争理念。二战，美国人员伤亡只有 30 万，占全世界千分之三。

○人权也是国力。对人权的尊重，对生命的珍惜，都将直接转化为创造力、生产力和战斗力。“从古知兵非好战”，“自古善战非嗜杀”。

○最高法院是秤砣，“个头小，分量轻，权重大”。无为，才能无不为，也才能大有为，这就是美国最高法院的成功之道。

○在 1787 年费城会议上起草的《联邦宪法》是世界上第一部成文的宪

法。其中包含着一个精巧的设计。正是这个设计，创造了一种既民主又共和的体制，并充分体现了宪政与法治的精神，从而使这个稚嫩的国家在草莽中崛起，迅速成为也许你不喜欢但却不能轻视的超级大国。

〇美国人的底线很简单，只不过“生命权、自由权和追求幸福的权利”这样几个字。唯其简单，才是真理；也唯其简单，才可坚持。

（2019 年 2 月 17 日晚上 11:45 阅毕）

美国边疆的开拓：刘易斯和克拉克探险

（［美］斯蒂芬·安布罗斯著，郑强译，译林出版社 2017 年版，38.25 印张）

△共 40 章。这本书出自美国著名传记作家斯蒂芬·安布罗斯之手，并围绕刘易斯和克拉克对美国西部探险的主题展开，记述了两人与杰斐逊的关系，印第安人的生活状况及美国白人对领土扩张的欲望。书中运用了丰富的资料、优美的文笔和浪漫主义想象，以纪实手法，再现了当年的历史镜像。

○一部用爱写成的作品：热情洋溢又充满豪情。

○探险队作为第一批美国人见到了北美西部的壮丽景观，也承受着翻山渡河带来的极限生存挑战。他们努力将印第安人纳入美国的贸易帝国，与友好的印第安部落一起游戏联欢结下友谊，也经历过怀有敌意的印第安部落的背叛，险遭不测。在漫长的路途中，他们还发现了许多新的动物和植物物种，刘易斯对它们详加描述，写成文字，带回东部后为科学和学术研究提供了极为珍贵的资料。

除探险过程外，书中还呈现了刘易斯的成长过程、家庭背景、性情特征，与杰斐逊和克拉克的关系，以及探险归来后的心态变化，包括他受到债务危机、情感挫折的打击和抑郁病症的折磨，最终自戕离世的过程。

○他的健康状况非常好，体力出众；他非常敏锐，而且非常在意母亲和家人。

○“将来，我要像之前为自己而活那样，为了人类而活。”

○他们害怕的是“毫无价值、不诚实、贪婪、卑鄙、冷酷和不虔诚会成为主流”。

○艾森豪威尔说：“在战争中，战斗开始之前，计划就是一切，而一旦战斗开始，计划就一文不值了。”

○他只能等待着、期盼着。

○团结则长存，分裂则衰落。

○托马斯·杰斐逊《论梅里韦瑟·刘易斯》：心怀无畏的勇气；对目标坚定而执着，不尝试过所有的可能绝不放弃；对队员们细心如慈父，又坚决维护秩序与纪律；熟知印第安人的习性、风俗和行事原则，坦然接受狩猎生活；基于对家乡植物和动物的准确观察，没有徒耗精力去描述东部已有之物；诚实、公正、开明，对事实善于领悟又毫无遮掩，所做的严谨描述一如我们亲眼所见般可靠；所有这些品质，恰似无意遴选并惠赐予一人，我毫不犹豫地将这项专门使命交付于他。

（2019 年 3 月 9 日晚上阅毕）

特朗普自传：从商人到参选总统

（[美] 唐纳德·特朗普、托尼·施瓦茨著，尹瑞珉译，中国青年出版社 2016 年版，10 万字）

△共 14 个部分：①人在商海：我的一周掠影；②特朗普秘籍：教你做生意；③我的成长经历：父亲的教诲；④辛辛那提的宝贵一课：投资须审慎；⑤进军曼哈顿：经济危机的风险；⑥君悦大酒店：42 号大街的复兴之源；⑦特朗普大厦：蒂芙尼般的璀璨传奇；⑧海滨大道建赌城：漂亮的一仗；⑨希尔顿赌场之争：永利出局；⑩焉知祸福：中央公园南区的较量；⑪两盟之争：冒险一试；⑫与政府打交道：沃尔曼溜冰场的重建；⑬卷土重来：曼哈顿西区的故事；⑭充实的一周：达成交易。

○“做生意是因为我热爱这项事业，把它当作我钟爱的一门艺术。我乐在其中。”

○“不管外界条件多么诱人，一定要相信自己内心的声音；人应该坚持做自己有把握的事情；有时候，不投资就是一种最好的投资。”

○心怀大事，核心就是全神贯注。

○说得出，做得到。

○做生意的四个步骤，即进入、动工、做好、退出，每一步都要讲方法、讲效率。

○从记事起，父亲就跟我说：“人最重要的是热爱自己从事的事业，因为这是唯一一件你能做出成就的事情。”

○重要的不是你工作了几小时，而是在每个小时你都干了些什么。

○“好名声比坏名声强，不过，坏名声比没名声强。说白了，争议也能促进销售。”

○“我从来都不制订什么总体规划。我只是每天吃饱喝足，然后再决定要做什么。”

○他的撒手锏，就是他的金钱和权力。

○他率直、傲慢，有时又过于保守——总之，非比寻常。

（2019 年 1 月 13 日下午阅毕）